刘景菲 \ 主编

美育，
就是培育审美素养

世界图书出版公司

图书在版编目（CIP）数据

中国教育领航.第二辑／严华银主编 . –– 北京：
世界图书出版公司 , 2021.8
ISBN 978–7–5192–8643–9

Ⅰ . ①中… Ⅱ . ①严… Ⅲ . ①教育—研究—中国
Ⅳ . ① G52

中国版本图书馆 CIP 数据核字 (2021) 第 103693 号

书　　　名　中国教育领航 . 第二辑
（汉语拼音）　ZHONGGUO JIAOYU LINGHANG.DI-ER JI
主　　　编　严华银
总　策　划　吴　迪
责　任　编　辑　王林萍
装　帧　设　计　包　莹
出　版　发　行　世界图书出版公司长春有限公司
地　　　址　吉林省长春市春城大街 789 号
邮　　　编　130062
电　　　话　0431-86805551（发行）　 0431-86805562（编辑）
网　　　址　http：//www.wpcdb.com.cn
邮　　　箱　DBSJ@163.com
经　　　销　各地新华书店
印　　　刷　保定市铭泰印刷有限公司
开　　　本　787 mm×1092 mm　 1/16
印　　　张　127.25
字　　　数　2 222 千字
印　　　数　1—5 000
版　　　次　2021 年 8 月第 1 版　 2021 年 8 月第 1 次印刷
国　际　书　号　ISBN 978-7-5192-8643-9
定　　　价　880.00 元（全 10 册）

丛书编委会

主　　　　任：王仁雷

主　　　编：季春梅

副　主　编：回俊松

编 委 成 员：季春梅　回俊松　严华银

策　划　人：严华银

本书编者

编　　　者：刘景菲

其言不立，何以成"家"
——教育家型校长思想生成之道

当我们把教育家型校长的发展目标定位在"立功立德立言"的高度，且将"立言"作为其发展的至高境界时，在教育家型校长成长与培养的过程中，发展主体和培养主体都会全力关注：如何培育教育家型校长的教育思想？如何帮助校长凝练教育思想？而最无法绕过的问题则是，我们今天究竟需要怎样的教育思想？

改革开放后，中国教育经历过短暂的辉煌后，忽然在商业化、市场化的大潮中受到强烈冲击，很快，外延扩张式发展与内涵跟进不及发生矛盾冲突，直至今天，以分数为评判标准的应试升学的热情从来就高烧不止。课程改革、核心素养改革，一场又一场倡导素质教育、立德树人的改革，尽管取得了令人瞩目的成绩，为我国几十年的经济、社会事业发展提供了强有力的人才支持，但我们也不能不看到，整体上，青少年的道德素养、综合能力、创新精神的培养还有明显不足，在一流杰出科技人才队伍的打造方面，还存在很多困难。从最近几年出现的问题看，人才品质问题、高品质人才教育问题，可能是影响和制约中国未来发展的至关重要的问题。

教育的问题当然不仅仅是教育本身的问题。但作为教育人，也还是要较多地考虑从教育本身来着手解决教育问题。参与了两届国家层面的教育家型校长培养工程，走进这些校长的内心和他们所在的学校，了解他们成长和发展的历程，我们最为深切的体会就是，校长、学校、教育的根本问题，一定是教育思想、教育价值观问题。尤其是校长，假如我们仍然认可有什么样的校长，就有什么样的学校，那么我们就可以说，有什么样的教育价值观，就有什么样的校长。从这一角度看，研究近几十年来的教育，研究教育的问题，首先必须关注教育思想和价值观的问题。

最近这几十年间，我们究竟有什么样的教育思想和价值观呢？比如说，我们有"为学生一生的幸福奠基"的"奠基说"，有"坚守儿童立场"的"立场说"，还有"没有教不好的学生，只有不会教的老师""办孩子喜欢的学校""教育就是服务""让学生永远站在课堂的中央"等一系列被某些人认为富有创意、极为宏大甚至伟大的教育观点和追求。但这些从某一角度和维度看非常正确的教育思想，联系教育方针确定的培养目标、学校教育和学生发展的实际，联系近年来教育和社会出现的种种问题，就会发现其中的偏执和矛盾，就会发现其给具体实行教育的学校管理者和教育者带来的问题不可小觑。一国教育的终极目标，是不是仅仅就为着生命个体一己之幸福，还要不要对家庭、家乡和家国的关怀和奉献？过分强化一己之幸福，无限滋长个人和利己主义倾向，与现实中许多社会问题的集中出现有没有某些关联呢？教育的意义在于引领成长，片面强调学生单向的"喜欢"，片面强调"儿童立场"，那教师、学校和教育的立场还有没有、要不要呢？如果没有和不要，那孩子是不是就可以野蛮生长，或者永远停留在儿童时代呢？一味地强调学生的可塑性，否定教育的复杂性，将教师置于无可再退的墙角，将教育和学校的责任增至"无限"，意义何在呢？原本教师主导、学生主体的非常正常的课堂关系，一句浪漫主义的文学夸张，让教师们不能不愕然：课堂里，学生站在"中央"，那我"站着"还是"坐着"，又在哪里是好呢？许多年来，有这样一种观点，凡不管用什么方法、怎样的表达，只要是为学生讲话，再怎样过分地讲话，从来都是正确的，一片叫好并跟风；相反，为教师讲话，讲传统和传统教育，讲孔孟、《学记》，讲朱熹、王阳明、陶行知，讲几十年教育中的本土实践、经验，响应者、问津者似乎寥寥。我们以为，上述种种轻忽教育立场、弱化教育力量、虚化教师地位、教育理念表达"文学化"的现象，与"教育领域中某些教育者唯西方是从，漠视国情、漠视教育传统，轻视甚或蔑视本土实践和本土经验的教育研究风气"紧密相关。于是，这些人要么把教育做成了西方教育哲学的跑马场，言必称建构主义，到处必说佐藤学；要么就是信口开河，语不惊人死不休，把原本属于科学的教育，几乎化作了浪漫想象、天马行空的"文学"。

今天，中国教育"转型"发展，"高品质学校"建设任重道远，尤其需要成千上万的教育家型校长突破现实某些教育思想和教育实践的误区，努力建构自己的卓越的教育思想，"领航"千千万万学校，"领航"区域教育，"领航"中国教育，解"唯分"困局，破"应试"冰山，实现党中央、国务院提出的完善"德智体美劳全面培养体系"，健全"立德树人落实机制"的改革目标。

何为教育思想？教育思想本不神秘，并不像某些人理解的那样高深莫测。它实际所指就是办学思想，即校长对于教育的认识、理解，见解、主张、理念、观点，在具体的办学实践中的执行和落实，或者说是从学校的教育教学和管理行为中梳理总结出来的教育理念和思想。它包括教育观、课程观、教学观、教师观、学生观等。这为任何一所学校任何一个校长所具有。

但从上述分析可知，由于种种因素，不同学校、不同校长，其教育思想又有高下之别。真正卓越的教育思想，一定是共性与个性的统一，一般与特殊的统一，坚守与开放的统一。真正优秀的教育思想，一定是切近人性，尊重科学，符合规律的；真正优秀的教育思想，一定是指向道德，关乎人格，追求情怀的；真正优秀的教育思想，也一定是基于本土，博采他山之石，合于教育价值的。

据此，我们来研究教育家型校长卓越的教育思想的建构问题。

第一，崇高道德必须成为教育思想的内核。让"社会主义事业的建设者和接班人"与"立德树人"的方针、目标和价值观落地，就必须旗帜鲜明、大张旗鼓地弘扬人格与道德、情怀与境界的教育追求。以善良诚厚为本，不断锤炼个性、意志、品格，正确处理好己与人、私与公、个体与群体的关系。传承中华传统，见贤思齐，修身齐家，奉献祖国，达成个人价值和民族伟大复兴的统一。美国普林斯顿大学以"普林斯顿——为了给国家服务"为校训；清华大学以"厚德载物，自强不息"为校训；南开大学以"允公允能，日新月异"为校训；江苏省锡山高中以"做站直了的中国人"为校训，可以说，这些都是办学主体对于教育本质的精准理解和把握。将教育思想的内核由过于偏重个体、个性和个人的幸福的"小我"追求，"转型"至对于家乡、家国、民族的大爱与奉献，达成个人价值与民族复兴统一的"大爱"情怀，既是时代发展的迫切需要，也是社会主义核心价值观的体现，更是教育的根本意义和价值所在。而这一问题的解决，需要校长们站位高远，秉持理想，需要校长们全神贯注、全力以赴。

第二，建构教育思想迫切需要校长们思维理性的修炼和提升。教育思想的重要特点是富于个性，是校长在教育教学实践和办学实践中基于教育的个性化理解而逐渐成熟的办学理想和育人理想，但任何教育思想又必须契合国家主流的教育价值观。个性与共性的统一可以说是教育思想确立的基本原则。教育思想是关于教育问题的本质表达，所以需要拨开云雾，不被表象所迷惑。就育人而言，道德、人格、思维、理性、创新都应是其不可或缺的元素。不仅如此，在凝练教育思想的过程中，还得借助辩证思维、逻辑思维等，处理好传统与现代、人文与科学、传承与创新、借鉴与坚守、专家引领与自主建构的关系。

第三，教育思想的成熟，从来都伴随实践，且伴随实践反思。教育思想首先是优秀校长的，是优秀校长在办学实践中逐渐形成的。办学和教育实践是教育思想之根。从实践之根出发，长出教育之参天大树，并最终凝结为思想之果。这一浩大工程、漫长过程，伴随的是实践主体——校长的不断修剪、打理、矫正和选择，也就是说，反思、改进、践行、循环往复，追求最好，走向更好，是教育家型校长教育思想成熟的必由之路。福建三明学院附小林启福校长带领学校教师，借助专业支持，经过十余年艰苦探索，从"幸福教育"走向"福泽教育"。本期领航校长，宁夏银川金凤三小王晓川校长，在领航专家团队的启发引领下，将原本"说学"并重的教育理念，逐渐明晰为"说以成理，学而至善"，直抵教育本质，实现了教育思想的一次蜕变，正是其实践反思、理性辨正的成果。

第四，教育思想的表达，从来都需要严谨缜密，抓住要害和关键。近年来，在某些区域校长培养过程中，某些校长教育思想的凝练，表现出经院式、标签化、概念性、文学风倾向，助长了办学和教育教学的浮躁、功利和知行不一，这尤其需要教育家型校长通过理性思维，明辨真伪，去粗取精，并最终找到最为科学的表达方式。新疆生产建设兵团华山中学邱成国校长的"才丰似花，德厚如山"理念，海南陵水中学张勇校长的"仁智教育"理念都是十分经典的表达例证，值得借鉴。就教育思想在校园中的呈现而言，育人理念和思想最为根本；就育人文化的呈现而言，校训最为根本。因为学校的价值就在于育人，校长的训词则是对被育对象的严肃训诫和要求，突出呈现这些，就是突出学生主体，就是突出教育的本质。目前，一些区域学校，校园中贪多务全的思想和文化表达，常常淹没了发展主体、教育主旨和核心，其成效适得其反。

　　教育家型校长，又被称之为领航校长，所谓"家"，"家"在何处？所谓"领航"，究竟引"领"什么？"航"向哪里？至关重要的还是教育思想问题。尤其是在今天这样一个价值多元、教育转型的特殊时期，教育家型校长通过卓越的教育思想，发挥其领航价值，推动我国基础教育快速稳步发展，意义十分重大。

丛书编者

2021 年 5 月

专家感言

　　三年转眼过，在中国教育改革的热土地——江苏，在教育部名校长领航工程基地之一——江苏省师干训中心，一群教育专家，与一群可以被称之为教育义勇军、先行者的领航校长——教育部第二期名校长领航工程9位学员，走过了一段峥嵘、卓越的岁月。

　　他们，阵容并不壮大，少时十数人，多时数十人。问题是，当五湖四海、出类拔萃的校长精英与长三角首屈一指的教育专家一朝相逢，而且一发不可收地亲近、交融，终至于合二为一，成为志同道合的教育"行者"，其生发的聚合和裂变，其结晶的意义和价值，你怎么估量都不为过！

　　曾记2018年，北京受命，南京启航，从此，基地精致组织协调；导师沉稳领航引导；学员潜心研学，竭力修正，其教育内涵逐渐丰富、厚重，其学校文化越发凝练、科学。三年中，被"领航"者，又"领航"着各工作室的成员和学校；三年中，基地、导师、学员、学员的学员，还"组合"成"教育志愿军"，一组一组，一次一次，深入大凉山腹部，从昭觉到布拖，让教育的"精准帮扶"生根校园，惠及教师，落地课堂，直抵每个孩子的心底。

就是在这样的"层递领航"中，我们的理念、能力，我们的情怀、境界，我们的思想、经验，经千锤百炼而不断精进；而且，就在这样的行走中，我们"扩容"了"领航"内涵，拓展了教育价值，也升格了人生境界，终于，我们真的可以无愧于"教育家型校长"的称号。

我们还积累了许多教育的感想和哲思，创造了许多美好的邂逅和故事。我们更收获了深厚的友情，沉淀了悠悠的思念。

终于，到2021年，在安徽池州，在天津南开，在山东济南历城，三场高端的教育思想研讨会，水到渠成地举行，每一位校长，从个人经历中发现成长，从教育行走中感悟价值，从办学成就中梳理经验。终于，一朵名为教育思想的花儿，经历远远不止十月的孕育，含苞，又顺畅绽放，并被精彩命名，且被专家们洞幽烛微地阐述、"微言大义"地点评，由此，她、她们，名正言顺地盛开在中国教育思想的家园。

这里，我们撷取三年生活的"散点"，轻拂去岁月的"尘封"，从痕迹到线索，从即景到场面，真实描述，定格展示。其意义，除了留存和总结，还期望复苏记忆，活跃联想，让所有的亲历者偶尔或者常常回放、回望或者回味——

因为，不论是谁，一生中又能有多少这样的三年呢？

前言

　　本书从中小学美育课程实施的意义、名校长美育课程实施的思考、美育课程实施的渐变性过程、国内美育教育现状分析、美育课程在学校实施的价值、美育课程实施的区域性带动、美育课程实施的反思与提升七个版块对高品质美育课程的内涵与实施、意义与价值，名校长对高品质美育课程的理解、对高品质美育课程实施的认知，高品质美育课程实施的发源、发展、完善、依托，国内美育教育现状及分析，高品质美育课程校本实施的共识、落实、深化、显效，领航校长对本工作室成员校的带动成效、对本区域和外区域的辐射影响，美育课程实施中的不足与困惑、前瞻与重构进行了论述。引经据典、分析案例，用通俗易懂的语言阐释对美育课程实施的理解、思考、实践、成效。

　　结合新时代教育发展，深入剖析美育课程实施的局限和存在的不足，介绍了实施高品质美育课程的思想与行动根源、发展脉络和高品质美育课程不断完善过程。列举了领航校长工作室成员校从师资、课程、管理、信息化等方面落实美育课程，从学术课题研究、名师工作室推动等方面提升美育课程实施能力，从核心素养、个性发展、艺术审美方面分享了美育课程实施的成效，通过校本美育课程开发和教师培训在学校内达成实施高品质美育课程的共识的成功经验供学习、借鉴。

希望本书能给教育工作者开展美育教育提供帮助，以实现习近平主席倡导的做好美育工作，弘扬中华美育精神，让祖国青年一代身心都健康成长。

目录

第一章 · 中小学美育课程实施的意义

.

　　法国著名数学家勒内·托姆有一次和两位古人类学家讨论问题。谈到远古的人们为什么要保存火种时，一位人类学家说，因为保存火种可以取暖御寒；另外一位人类学家说，因为保存火种可以烧出鲜美的肉食。而勒内·托姆说，因为夜幕来临之际，火光灿烂多姿，是最美最美的。

　　人类学家的看法停留在取暖御寒和烧熟食物这一"实用"层面，而勒内·托姆却认识到了保存火种的"审美"层面——"夜幕来临之际，火光灿烂多姿，是最美最美的"。温饱固然重要，而对于人类来说，不能仅满足于物质的生存，还要追求精神的审美。感性之美、理性之美、知性之美，这都是中学生应有的认识与获得。中小学生应该具有审美的思维能力，进而形成审美品格，才能真正做到思想启蒙、精神启迪和灵魂启发。就是说，对于中小学生来说，需要提升对生活的认识，由物质层面上升到精神层次。所谓"生活不但有眼前的苟且，还应有诗和远方"。对生活的感受和认识，不能停留在只求温饱只求生存这一层次，还应该具有人类所特有的追求——诗意地行走，诗意地栖居在大地上，这样生命才会灿烂，自然生命、社会生命、精神生命才会得以彰显。"生活中不是缺少美，而是缺少对美的发现。"托姆正是具有发现美的眼光，或者说对美具有较强的感悟能力，才有了比两位人类学家更有深度的见解和观点，这种对美的发现和感悟能力，是人类作为万物之灵区别于其他生物所特有的文明自觉，也是我们当代中小学生必须具备和不断提升的核心素养。

　　这实际上告诉我们，中小学生应该在平凡生活中去感受和发现美，比生存需求更重要的是审美。审美，是一种高尚的生活追求，也是一种人生使命，还是每个人的生命初心。审美，让人类更加热爱生命、敬畏生命、超越温饱。走向审美，理性固然重要，审美价值更高。美育的重要性便凸显出来，那如何让美育更接地气，更有生活的烟火味，形成生命的焰火，更自然地走进中小学生的内心，浸入其灵魂呢？我想上好中小学美育课程便成为迫切的需求。

第一节　高品质美育课程的内涵与实施

《庄子·养生主》中"庖丁解牛"的故事告诉我们，任何学习都会分技、艺、道三个层面，"技进乎艺，艺进乎道。"技艺只是基本，达"艺"也仅是提升，只有进入道的境界，面对纷繁复杂的事物，才能做到得心应手、游刃有余。在当前，由于受到多种因素的影响，特别现阶段中高考的约束，中小学生"德智体美劳"五育更注重"技"的层面，众多的中小学动员一系列的力量，培养应试型人才，所以德育之美、智育之美、劳动之美、体育之美均被忽略或漠视，就更不用说广义的美育了，因此，美育课程也就局限于艺术课程中的特长课程了。

所以，高品质美育课程的重点不应该放在技艺培训上，而应以技艺为桥梁，坚持"以人为本"，将审美的理念渗透于各个学科、生活的方方面面，人生的每个阶段，培养学生良好的审美感觉和表现美、创造美的能力，使他们最终成为一个个拥有较高审美趣味、审美品格的人，可以说，美育才是真正的教育"以人为本"的大"道"。

一、中小学高品质美育课程的内涵

提起美育课程，很多人会等同于艺术教育课程，联想到对音乐、舞蹈、美术的艺术培训。在中小学校教育层面便是音乐、美术、体育等课程和播音、舞蹈、音乐、戏剧、影视编导、素描、绘画、书法等领域的社团活动，有的学校也称为校本社团课程。然而，美育的建设从来不是这么简单的概念范畴，艺术教育只是美育的内容及手段之一，虽然是主要内容，但不是核心，更不是全部。美育课程起码包括了学校美育、家庭美育、社会美育、自然美育等。在这一系列的美育课程当中学校美育课程是核心，也是美育的主阵地。中小学校对于家庭美育和社会美育只能起到辅助推动作用，起不到决定作用，所以我们重点探讨的是中小学校高品质美育课程究竟包括什么？以什么样的状态呈现出来？

什么是学校美育？学校美育课程什么样？

青少年时期的美育，宛如把矿石冶炼成金属一样。老教育家徐特立在任湖南省立第一女子师范学校校长时，有一次学生在厨房里打坏了一篮子碗，徐老得知后没有采取简单、粗暴的方法去训斥学生，而是写了一首寓意深长的诗贴在校园里："我愿诸生青胜蓝，人力物力莫摧残。昨夜到底缘何事，打破厨房碗一篮？"这种情感教育方法，不仅使打破碗肇事的学生受到教育，而且促使广大学生潜移默化，逐渐养成一种爱护公物的道德风尚，这不仅仅是教育过程中的语言美，而是真正的美育课。可见，美育的熏陶胜过道德的说教，胜过智力的开发。在今天，我们要把社会主义新时代的青少年培养成合格的接班人，就必须向徐老学习，更多地借助美育的力量，把广大青少年引入纯洁、高尚、积极、健康的感情世界，从而使其精神越发昂扬，生命愈发闪亮，让真善美的阳光沐浴着每个青少年的人生。

1. 中小学美育课程的内涵

要说中小学美育课程，就必须先知道美育是什么。美育亦称审美教育，是一种按照美的标准培养人的形象化的情感教育。它以特定时代、特定阶级的审美观念为标准，以形象为手段，以情感为核心，以实现人的全面发展为宗旨。通过实施美育，可以使人具有美的理想、美的情操、美的品格、美的素养，具有欣赏美和创造美的能力等。那审美能自然产生吗？能，但不全部，所以美的教育便起到了重要作用，而美的教育离不开美育课程。

我国近代著名教育家蔡元培说："美育者，应用美学之理论于教育，以陶养感情为目的者也。"可见，美育是审美与教育结合的产物，它的本质特征就是情感性。由于不同时代有不同的审美标准，因而美育具有一定的功利性，它在不同的时代、不同的国度受到不同社会伦理道德观念的制约；又由于美育的本质在于情感性，而美感是内在的、超功利的，故美育的最终价值还是指向"至高的善""终极的美"。它所要培养的审美意识及其倡导的审美的人生境界，是不同国别、不同时代，不同地域、不同民族的人们共同追求的至上理想。从这个意义上来说，美育既通向人类历史文化的最大纵深，又关联着人类社会的未来，它是不同时代、不同文化背景的人们之间进行对话的桥梁。美育能否落到实处，也就不仅关系着一个民族的兴衰，亦关系着人类社会的生存质量。培养中小学生认识美、爱好美和创造美的能力的教育，在当今的时代更显得特别重要，美育对于实现中华民族的伟大复兴事业有着重要的助推作用，同时美育的效果也是衡量中华民族是否伟大、是否过上幸福生活的标准之一。

美育的内容主要包括这样几个方面：首先是艺术美，指音乐、舞蹈、绘画、影剧欣赏、文学等；然后是自然美，以大自然为审美对象所感受和体验到的美；

最后是社会美，以社会生活中美好的人和事为对象而感受和体验到的美；还有科学美，以科学的内容和形式为对象所感受到的美。

中小学校美育就是培养青少年认识、体验、感受、欣赏和创造各种美的能力，从而使青少年具有美的理想、美的情操、美的品格和美的素养，从而潜移默化地影响性情，温润心灵，培育健全人格，让其生命更加坚挺与高昂。学校美育指通过学校的途径对青少年实施的美育。社会主义新时代学校教育的目标就是要造就德、智、体、美、劳全面发展的一代新人，其中美育是最重要的一个方面。

中小学美育的内容究竟是什么？中小学美育的内容包括：艺术教育，如文学、音乐、图画、戏剧、电影、舞蹈等；组织学生观察和欣赏自然美；引导学生体验社会生活美和劳动美。具体落实到课程层面，要先看看国务院在 2015 年发布的《关于全面加强和改进中小学美育工作的意见》（下称《意见》）。《意见》指出："义务教育阶段学校美育课程要注重激发学生艺术兴趣，传授必备的基础知识与技能，发展艺术想象力和创新意识，帮助学生形成一两项艺术特长和爱好，培养学生健康向上的审美趣味、审美格调、审美理想。普通高中美育课程要满足学生不同艺术爱好和特长发展的需要，体现课程的多样性和可选择性，丰富学生的审美体验，开阔学生的人文视野。"

实际上，美育课程作为学校教育的重要组成部分，在全面发展的教育思想中具有重要地位。中小学校责无旁贷地要肩负起美育的核心大任。

学校美育课程与家庭美育、社会美育、自然美育课程相比，其自身独具的育人优势主要表现在以下几个方面：

一是计划性。学校根据培养人才的要求，按照教育规律，有目的、有计划地组织美育活动、开设美育课程，引导学生进行学习，接受训练，从而保证培养人才的规格和标准。如黑龙江省鸡西市第九中学坚持了十几年开设的版画课程可谓是风生水起。师生共同创作的作品，数次登上展台，在黑龙江省已小有名气。一些作品还获得全国大奖。版画课程不但培养了一批版画创作人才，而且提高了师生的审美情趣，使其师生的生命色彩得以渲染，生命的根基更加厚重，师生的审美素养得以高水平形成。

二是渐进性。按照科学的逻辑系统和学生认识能力发展的顺序进行美育活动，开设美育课程。从小学、中学到大学，美育的要求和内容是分层次有计划来安排的，即使是每一门课、每一个专题、每一项审美实践活动，也都应遵守循序渐进的原则组织教学，做到连贯、完整、系统，其梯次性非常明显。这都有别于家庭美育课程和社会美育课程的随机性，其实家庭美育、自然美育和社会美育等多以活动的形式呈现，并且美育活动偶然性开展居多，所以现阶段还达不到课程层面。

三是科学性。科学性是学校教育的基本要求，也是学校美育的基本遵循。教师的讲授必须严格地符合科学的结论，不能随心所欲、我行我素。什么美，什么不美，为什么美，为什么不美，都应作出科学的解释。学校还要教育学生树立进步的、健康的审美理想，掌握正确的审美标准，学生能准确地发现美、感受美、创造美。科学性还表现在其集中学习。由于学校是专门培养人才的场所，具有集中的审美教育环境，不仅可以为学生提供更多的接受美育的机会，而且能推动学生情感活动的自由扩展，使之在审美感受中引起强烈的情感体验。

四是保障性。能够提供课程保障的只有学校。以美育课题研究为牵动、课程设置为根本、课堂教学为依托，真正把美的教育落到实处。并且与其他学科进行贯通，只有学校能够做到。就是说，学校能够为落实美育课程提供软硬件的各种保障。翻开一些美育创新成果突出的学校案例，都能看到其课题牵动的影子，用课题牵动课程的设置，既有国家课程和地方课程，也有校本美育课程。虽然名称各不相同，但落实美育的实质是相同的。最关键的是有课堂、有师资、有场所作为保障。

五是开放性。美育课程能够培养自由、全面发展的人。唯有全面发展，自由度才会更高；自由的生成象征全面人格的形成。"破除鸟笼式教育"：在玩中学，学中玩，自由地学习，快乐地成长为具有健全人格的青少年。让青少年通过最直接地体验到人生乐趣的丰富性，认识到快乐来源的多样和人生的美好，并从激烈的竞争和紧张的应试教育中获得暂时的解脱。这就要打破课堂的局限，即美育课程走向课下；打破学科的局限，即美育贯穿各学科；打破学校的局限，即美育课程综合调动各种资源；打破时空的界限，借助智慧教育平台，开发美育云课程，远程学习与沟通。

综合看，中小学美育课程内容具有高度融合性。从学前接触各种美的现象和体验美的愉悦，到小学认识各种美及掌握欣赏美的方法，到中学理解和体验各种美的风格与复杂性，到大学掌握美的本质与规律，理解"美无处不在"的深刻，到职后以各种工作方式与生活方式去创造和体验人生的美好，形成积极的宇宙世界观，积极的国家、社会、职业、个人价值观，这样的美育系统效应，绝不是学校某个学科、几门课程就能够拼凑起来的。

它是一切学科领域和现象所蕴含的美有机交融所辐射出的能量。它向学生提供的每一个审美视点，如色彩、造型、材质、节奏、旋律、和声、平衡、动感、优美、壮美、悲剧、喜剧等，皆为自然和谐、社会和谐、艺术和谐、科技和谐、生命和谐的建构，都向学生提供了一个个观察宇宙、社会和人生的审美窗口、显微镜、望远镜，从这里看出去、延伸出去，就能看到比这个点广阔得多的美的世界，建构一个新颖的，拥有美好生活、美好人生的，和谐美好的世界。

苏联教育家苏霍姆林斯基说，"美是一种心灵的体操"；赞科夫说，"美能唤起人们的善良情感，如同情心、忠诚、爱、温柔，感情会在人的行为中成为一种积极的力量"。新时代的大美育课程体系，更应该是这样的心灵体操，它立体、丰富，充分彰显和辐射出积极精神能量，激发师生和国民对美好事物无限向往，并积极践行、奋力创新。这其中起决定性作用的应当说还是中小学阶段，所以中小学阶段的美育课程在人的一生中相当重要。

对中小学美育内涵的理解还必须走出一个误区，或者说要厘清一个概念。

有的学校把美育课程等同于技巧教育。以中小学生为对象的美术班、舞蹈班、音乐班培训目的往往只为考级，或只为展示，变成了纯粹的技巧培训，审美愉悦被轻易消磨。试想，只专注于让孩子画一千遍几何石膏体静物或更为完整的"塞内卡石膏像"，孩子从素描中获得的美感会有多少？画匠与大师的本质差距不在技巧，而在于背后对造型的整体理解和艺术观念的突破性。孩子跳一千遍跳转翻组合或更为完整的《马兰谣》，能否从中感受到美？舞匠与大师的差距不在舞蹈技巧本身，而在于对身体语言和情感的阐释。同样，片面强调让孩子演奏一千遍海勒曲的《左手练习曲》片段或更为完整的巴扎克曲《小奏鸣曲第三乐章》，孩子一定会从演奏中获得美的享受吗？琴匠与钢琴大师的差距也不在于演奏技术本身，而在于音乐表现力与精神境界，这境界来自对音乐本身的理解，其背后则是深厚的美育根基。

不能把美育课程等同于技巧课程，也不能把美育缩窄为艺术课程。美育课程的目的不是为了培养艺术家。美育就是"育"美，亦即"育人"之美。俄罗斯人说："让美丽拯救世界吧。"我们想说，让美回归生活、走进日常，这便是美育课程的朴素内涵。

2. 中小学校美育课程的特征

国务院颁发的《意见》中勾勒出的中小学美育轮廓是这样的："学校美育课程主要包括音乐、美术、舞蹈、戏剧、戏曲、影视等。各级各类学校要按照课程设置方案和课程标准、教学指导纲要，逐步开齐开足上好美育课程。义务教育阶段学校在开设音乐、美术课程的基础上，有条件的要增设舞蹈、戏剧、戏曲等地方课程。普通高中在开设音乐、美术课程的基础上，要创造条件开设舞蹈、戏剧、戏曲、影视等教学模块。"概括起来看也依然停留在"艺术课程"层面。不过从"主要"一词中也可看出还包括其他方面，那么包括什么呢？

实际上学校美育课程至少包括艺术美育、自然美育、学科美育等多个方面。我们必须要意识到，实施美育课程在广义的艺术课程实施的基础上，还要注意审美趣味、审美格调、审美理想的教育；还要加强艺术经典的教育，要组织学生更多地接受人类文化遗产的教育。就是说，美育课程除"艺术课程"外，劳动课程、研学课程、德育课程、社团课程、语数外等各门学科课程都密切相关，互相渗透。所有课程的实施也要追求美，所有课程的实施过程中要凸显出其审美特征。

在2020年全国教育工作会议上，针对德智体美劳的"五育"，教育部提出，新的一年要对准体育、美育、劳动教育发力，推动教体相融合，划出美育硬杠杠。再一次强调，艺术不再是"兴趣课"，而是"必修课"。

各领航校长所在学校率先垂范，将美育工作落到实处，立足启迪艺术人生，塑造美好心灵目标，制定学校美育计划，设计美育课程，组织学生参加校内外画展，请画家、书法家进校园，开设艺术社团等；老师们积极进取，相互交流，共同探究，扎实基本功，引导孩子大胆想象和创作；师生们走进形与色的世界，美在创作中诞生，心在分享中飞翔；学生们漫步在艺术的长廊，放飞想象的翅膀，感受美、欣赏美、创作美……

兰州市城关区水车园小学在校长金艳的带领下，用画笔描绘美好未来，用色彩绘就壮丽人生，以美育人，精雕细琢出精品，千锤百炼铁成金。学校引导学生自然地发现艺术的美妙，用心灵感受艺术的芬芳。美术教师带领孩子们用心灵的画笔描绘更加美好的未来。校园艺术节，和书画家在一起、绘本社团成果展示、精美绘本展示，孩子们读自己的原创绘本，分享创作美、轮胎变形记，创意乐无限。为了美化校园环境，老师们利用丙烯染料，在废旧轮胎上用勾线平涂点彩等技法，创作轮胎画。轮胎作品色彩艳丽，富有童趣，体现了巧妙的创意和变废为宝的环保理念，完成后的创意轮胎作品形成了校园里一道道亮丽的风景线。老师们首先对轮胎进行细致的清洁，然后借助大刷子，用丙烯染料为轮胎耐心地打上底色，在此基础上进行发散思维，自选绘画主题，利用小号的画笔在废旧轮胎上进行描绘创作，一个个黑乎乎的轮胎进行了大变身。绘制好的轮胎摆放在校园里，这些被赋予了新生命的轮胎发挥了它的作用，成为校园一道亮丽的风景线。轮胎创意绘制既促进了教师之间的交流和创意分享，同时也装饰了校园环境，充分体现了良好的环境给孩子们带来的潜移默化的教育功能，让孩子们也懂得了低碳环保节能的理念。

　　轻寒乍暖未分明，柳盼春阴花盼晴，2020 年的春季很不平凡，无数抗疫战士在抗击疫情的一线用生命战斗，学校美术教育工作者发挥教育的力量，用艺术的创作形式为前线人员鼓劲儿加油。同时，在疫情防控期间，也丰富了学生的现场学习生活，引导学生树立正确的价值观，培养学生的家国情怀，助力打赢疫情防控阻击战。上海进才中学北校的美术老师们在金卫东校长的带领下召开了数次云端会议，结合疫情期间居家学习的学情特点，从学校美育课程的主题思想到课程的具体实施，精心设计了美术系列课程。全体学生参加学校组织的抗击疫情进北学子"为武汉打气，为中国加油"美术作品创作活动。新冠肺炎项目化学习中美术学科的老师主要负责线上指导问答及收集的工作，孩子们将确诊的人数结合表格进行标识，再用涂色的方法清晰地在地图中画出疫情分布的情况。在这个过程中了解了我们中国版图和上海版图的外形轮廓以及各省市及所处地区的地理位置分布，以绘画的形式表达了对美丽中国、美好家乡的赞美和热爱。本次作业让学生将新闻事件、图像、表格、颜色等多元化的内容进行整合，激发了学生进行探究的兴趣，而知识与实践相结合，丰富了学生对项目化学习的真实体验。学校组织同心抗击疫情美术作品精选活动，全体学生通过持之以恒的练习硬笔和软笔，不但提高了书写的技能，还促进学生养成细致专注、沉着持久的学习品质。学校涌现出了一批小画家，他们兴趣爱好广泛，喜欢绘画手工，还喜欢科技、读书、写作，获三好学生等荣誉称号，还在科技纸模型等活动中获奖，作文也曾发表于少年报。小画家有的用刮画的形式表现漂亮羽毛、小风景、创意小狗线条的魅力；有的在牛皮纸上作画，感受生活中的小美好。北京小学翡翠城分校抗击疫情显真情，一场空前的全民抗疫行动在全国展开，在校领导的安排部署下，美术组老师带领全校学生展开了关于抗击疫情的美术作品创作，同学们用自己的话表达着爱的力量和对未来的美好期盼。

　　吉林省延边朝鲜族自治州珲春四中的国画社团，注重培养学生对国画的兴趣，教授学生基本的国画技法，在丰富学生课余文化生活的同时，扩充了学生的课外知识，给爱好国画的同学营造了一个良好的学习环境。水墨国画社团开设了蔬菜、水果、动物和植物等写意花鸟国画课程，通过简单的笔墨技法，由浅入深，分步练习，使初学国画的学生在学习中不断积累绘画经验。为了更好地学习国画，学校还开展了一系列的书法练习和创作活动，请书法家进校园开设书法社团。孩子们自己写春联儿，增加节日的气氛。诗韵艺术季师生绘画作品展、诗意翰墨飘香为主题的艺术节活动，风格多样，精彩纷呈，同学们积极参加，一幅幅画作，色彩缤纷，童趣盎然，彰显了师生们的家国情怀。创意国画，七彩田野，豆趣儿，孩子们有一双发现美的眼睛，他们把各种颜色的小豆子收集起来，捏成有趣儿的豆贴画。银杏叶粘贴作品展等激发了孩子们的想象力和创造力，也培养了孩子们在生活中善于发现美、欣赏美、创造美的能力。国画社团丰富了学生的课余生活，弘扬了民族传统文化。四川省贵州道真民族中学学生疫情不出门，在家玩美术：威武的门神、我的太阳、大眼睛、精彩纸浆艺术画，让学生在美育润泽下发展想象力。学校以纸浆艺术为特色，作品色彩艳丽，创意新颖。学校组织向大师们致敬活动，欣赏毕加索、莫奈、梵高等世界著名绘画大师作品，学习色彩的搭配，结合学校特色艺术纸浆制作，用纸浆再现大师作品，感受小小大师的成就感。利用废旧纸板在孩子们的精心制作下变成完美的艺术品，孩子们心灵手巧，认真制作精美手工作品。美术老师组织安排展览，全校孩子参观，感受喜悦，分享收获，传承民族文化，提高了学生的艺术素养，培养了学生欣赏美的能力。学校开展了一班一品班级特色美工制作活动，各班根据学生特点及能力，自主选择适合学生的艺术作品，大手牵小手，师生共同学习制作。无私奉献的美术老师为孩子们架起一座心灵的桥梁，大手牵小手，一班一品显特色。珍珠贴画、DIY杯垫、编制作品、纽扣贴画、贝壳贴画、纸浆画手工卡套、DIY手机壳、空间思维训练、油画作品、创意国画、儿童画作品、优秀摄影作品展等，开展美术教研、公开课展示等来提升师生的审美素养。

应中国高等教育学会、全国十二五规划教育部课题美育专项课题组和全国美育成果展组织委员会邀请，深圳中学作为深圳市美育研究基地，本着推动学校学科美育发展，向全国美育工作者介绍了学校学科美育工作的目的，积极参与了2012年全国第五届美育成果展。在目前中国美育界最高级别的成果展评中展示了深圳中学美育成果。深圳中学在教学处、学术委员会以及美育研究所的共同策划组织下，一共提交了700多项学生作品，7篇教学科研论文，其中包括语文、数学、历史、美术、音乐、技术、研究性学习等学科，作品内容涉及摄影、版画、藏书票、剪纸、木刻、工艺设计、合唱、研究性学习调查报告、诗歌、戏剧创作、书评、微电影、原创文学等等。为此，全国美育成果展组织委员会专门为深圳中学设立了一个评审专家组。

最后评选结果为：深圳中学被评为全国美育中学组十佳，美育化教学科研团体成果一等奖，校园美育十佳社团。语文、历史、数学、美术、音乐等学科均获得美育化教学成果一等奖。

贾淳（原创文学）、邬丹妮（原创文学）、胡雨萌（原创文学）、王景琳（绘画）、陈明潇（摄影）、邹丹曦（建筑）、王桢（建筑）、谢潇（建筑）、陈燕飞（版画）、郭祺（版画）、戴恬（版画）、班新月（版画）、陈苏锐（藏书票）、胡晨（剪纸）、安家然（木刻）等同学获得学生作品特等奖。此外有130名同学获得一等奖。王赫、谭国燕、王鹏、房尚昆、吴健晖、史强、张文涛、朱红、李曦、黄睿、刘梅老师获得教师个人教学成果一等奖；王赫、谭国燕、房尚昆、吴健晖、王鹏老师被评为美育化教学实践优秀指导老师。谭国燕、朱红、李曦、黄睿、吴健晖老师的教学论文获美育化科研论文一等奖，其中朱红老师有两篇教学设计分别获美育化教学设计一等奖和二等奖。

以上成绩是老师和同学们在日常教学中长期积累的成果，是老师与同学研究性地教与学的智慧结晶，如此骄人的成绩，是对深圳中学学科美育工作的充分肯定。深圳中学从获奖作品中挑选最优秀作品，参加暑期在故宫展出的全国美育展的优秀成果展。

深圳中学学校美育课程提倡原创、自由创作和创新思维，全面发现学生的兴趣特长和审美爱好。审美教育同求知欲和好学精神的培养密切相关。进行探究性、实验性劳动的努力，同时也就是对于优美的、充满智力活动的那种教育活动的审美要求的满足。所以，进行个性化创作，可以让学生受到探索和运用知识取得成果的鼓舞，这也是我们进行学科美育的重要理念。

深圳市在全市中小学范围内提升每一位学生审美素养，着力打造美育之城。

为庆祝深圳经济特区建立40周年，引导全市中小学生抒发爱国爱家之情、砥砺强国报国之志，培育美好心灵、促进全面发展，深圳市教育局举办了深圳市2020年中小学生艺术展演（班级合唱及戏剧节）活动，深圳首次专门设置中小学生戏剧节，将其与合唱节、美术节等一起，成为常设性活动，助力学生审美、人文等综合素养的提升。

从教育部首次全国中小学班级合唱展演、广东省中小学校美育改革发展成果交流活动等重大活动选址深圳举办，到2019年央视春晚深圳分会场演出、庆祝中华人民共和国成立 70 周年相关活动等大型演出中，深圳师生担当主力精彩表演，再到近些年一大批学生高水平艺术团队频频获得国内、国际最高奖项……这与深圳多年来坚持"普及与提高结合、学校与社会互动、校内与校外打通"，持之以恒地推进以美育人，提升每一位学生的审美素养密不可分。

"美育是学生全面发展不可缺少的组成部分，是落实立德树人根本任务的重要手段。"深圳市委教育工委书记、市教育局局长陈秋明介绍，近年来，深圳全面贯彻党的教育方针，以成为全国首批中小学艺术素质测评试验区为契机，大力发展以社会主义核心价值观为引领的美育教育。通过加强美育课程师资建设、搭建多元化平台、提升校园文化等多种举措，让每位学生都充分享有接受高质量美育的机会。将"美育教育"打造成深圳教育的一张闪亮名片，同时也着力打造"美育之城"，为每位学生的健康成长和终身幸福奠基，助力深圳中国特色社会主义先行示范区建设。

一是推出多样化高质量美育课程，提升学生综合素养。在深圳市南山区第二外国语学校，除了国家规定课程外，还为学生们开设了以下八大艺术素养特色课程：舞韵翩跹（舞蹈）、天籁和鸣（合唱）、水墨丹青（国画）、表演艺术（朗诵、戏剧）、管弦乐团（管乐）、麒麟之舞（麒麟舞）、陶艺传韵（陶艺）、翰墨书法（书法），孩子们可以开心享受这些艺术课程的乐趣。

该校极其重视美育教育，以课程为例，构建起人文艺术课程（阅读、逻辑哲学、国际理解、艺术特色、研学）；STEAM 课程（航天课程、AI 编程、设计思维）；SEL 课程（PATHS、劳动教育、领导力、家长学校）；中华传统文化与非遗文化课程"四大课程群"。

"学校美育特色课程旨在培养学生'笃学善思'的能力、'志趣高雅'的情操、'学识广博'的眼界和胸怀。"期望这里走出的学生富有国际视野和包容世界的胸怀。近些年该校在各级艺术展演、管乐节、合唱节等权威赛事上喜报频传。

事实上，拥有多样化高质量美育课程的深圳市南山区第二外国语学校，只是诸多重视美育教育学校的一个代表。兰州市城关区水车园小学、上海市进才中学北校、北京小学翡翠城分校等一批批艺术特色学校，通过不断改革学校美育课程，让全体在校生人人都掌握 1—2 项受益一生的艺术爱好。

美育是学生全面发展的重要组成部分，是落实立德树人根本任务的重要手段。2019 年，中共中央、国务院颁布的《关于深化教育教学改革全面提高义务教育质量的意见》明确指出，要"增强美育熏陶"，实施学校美育提升行动，深圳基础教育也进入到新一轮课程建设的浪潮。

深圳市教育局副局长王水发介绍，深圳在引导各学校开足、开齐、上好美育课程的基础上，进一步丰富和发展学校美育课程建设。目前全市60%以上的中小学校均开设了学校艺术校本课程，开设的课程项目以音乐、舞蹈、美术学科传统项目为主，有师生喜爱的皮影戏创编教材、书法教学教材、动漫创作教材等丰富、适用的校本教材。全市中小学校美术特色课程全覆盖开设，47%的学校还开设了戏剧、戏曲、影视等其他美育课程。

深圳在做到美育课程多样性的同时，也极其重视美育课程的质量。不仅加强对美育教材的深化改革和科学研究，提高课程及教学质量，同时，还创造性地面向全市征集2000多门"好课程"，其中美育课程占到相当比例，其品质也成为最大的亮点。优质美育课程的指向便是提升学生的审美、人文及综合素养。

二是名师引领 + "双轨制"打造高水平美育师资队伍。在深圳举办的2019年央视春晚深圳分会场演出和庆祝中华人民共和国成立70周年相关活动等大型演出中，深圳师生的精彩表演让不少人印象深刻。"在这些全国性的重大活动中，深圳的师生成为主力担当，招之即来，来之能战，体现了很强的专业素养"。深圳市教育局副局长王水发说，这不仅展示了深圳学校美育教育的实力和成果，也展示出深圳美育师资队伍的实力和水平。

深圳聚集了一批高水平的艺术教师团队，深圳基础教育阶段的各类艺术学科教师有6500余人，艺术教师与学生平均比为1：203。小学阶段50%专任艺术教师达到本科学历；初中阶段专任艺术教师全部实现本科化。全市各区建立的舞蹈、合唱、民乐、课堂乐器、美术、油画、版画等"名师工作室""艺术特色工作室"已接近200个。

为了提升美育教师的专业能力，深圳在美术、音乐等学科创新探索"新美育"教师培养双轨制，通过一系列活动及培训，让老师们"学科"与"专业"双轨道发展，具备在教学实践中课程开发的能力。同时，还加强美育师资培训及继续教育，通过聘请专家讲座、交流，推荐艺术教师参加广东省强师工程、深圳市教育局"引领者计划"骨干教师研修班，定期举办各项教学、专业培训，各级各类大赛，创造性开展深圳"教师特色工作室建设"等教师发展机制，提升美育教师的专业水平和教学能力。

深圳还积极引入创意、设计等社会资源，参与到中小学教育多环节，提供高水准的创意设计教育服务或体验。特别创建"深圳新美育专家资源智库"，帮助中小学引入海内外设计名师以及非遗传承人、建筑业企业家等专业人才，为学校提供专业课程指导、专业讲座、师资培训等。

通过一系列的探索，深圳美育教师队伍专业化得到快速提升，涌现出一批又一批兼具教育情怀与智慧、勤于学习且勇于创新的优秀教师。深圳美育教育师资整体水平进入全国第一方阵，同时也收获了诸多荣誉。如在全国中小学美术教师基本功大赛以及音乐教师基本功大赛中，深圳教师连续几届摘得一等奖。

三是建多元丰富活动平台提升学生审美素养。每天下午 4 时 30 分以后，深圳的中小学校都会举办丰富多彩的课程或活动，供学生们依据兴趣自主选择，以此提高综合素质。深圳自 2014 年创造性推出"四点半活动"以来，全市已有 320 所试点学校，累计拨款 4.2 亿元，受到学生普遍欢迎和家长、社会的广泛认可。2020 年 9 月，深圳市委、市政府将义务教育阶段"四点半活动"每生每年资助标准从原来的 350 元提高至 1000 元，同时，还建立资助标准动态调整机制，鼓励本校教师积极参与并取得合理报酬。同年 12 月，深圳启动全市公办中小学"四点半活动"全覆盖工作。

在目前全市中小学开设的"四点半活动"中，美育相关课程及活动占到四成，"四点半活动"已成为深圳中小学提升学生审美及人文素养的重要平台，一些学校也借此探索特色美育教育。如南山区第二外国语学校提出"2+2+1"目标，规定每一位学生须参加两项体育和两项艺术活动，再自主选择一项特长学习；龙华区上芬小学构建了基于审美、游戏、情境、表达、体验与探究的"慧心课程"，凝聚学校、家庭、社会艺术教育合力，育智慧之人。

"深圳美育工作坚持面向全体学生，丰富学生审美体验，提高感受美、发现美、鉴赏美、创造美的能力。"深圳市教育局德体卫艺处相关负责人说，深圳坚持开展普惠性的课外艺术活动，推动课外、校外艺术活动制度化、规范化、多样化、精品化、资源优化、均衡发展，全市每三年举办一届学校艺术展演季活动、学校合唱节活动、学校美术节、戏剧节等活动。

比如美术节活动提出"百千万"目标，鼓励全市百万中小学生参与活动，送审评定千件优秀作品，展示数百件最优秀精品；中小学合唱节活动中，探索开展"班班有歌声"合唱；艺术展演活动中设民办学校艺术教育成果展演专场，全面地展示深圳中小学生审美素养的广度和深度。

此外，深圳美育工作坚守中华文化立场，传承中华文化基因，加强对中华优秀传统文化的通识普及教育。每学期，来自世界各地的艺术家、文学家、戏曲家等大咖会走进深圳的中小学，与学生们交流、传播美育文化、思想等。深圳推进并深入实施戏曲进校园、高雅艺术进校园活动，开展百部名著、百部名电影、百幅名画、百首名曲等"四个一"进校园活动，定期举办全市中小学民族艺术巡礼活动，举行学生民族艺术专场演出及艺术大师培训等，以此引领学生树立正确的审美观念，陶冶健康的审美情趣，培育深厚的民族情感，促进学生全面发展，营造传承发展中华优秀文化的良好环境。

四是多维发展，打造立体美育教育氛围，学生在耳濡目染中接受美育。简约不失格调的教学楼、流水别墅式的美术馆、水墨室、书法室、陶艺工作室、小桥流水、空中花园……走进玉律学校，很难相信这是光明区一所城中村学校校园的场景。

"校园建筑具有教育性，一个美好、温暖、干净、有艺术氛围的环境会让人不自觉地改善行为、习惯、姿态甚至品性。"玉律学校校长王婷说。为了给孩子心里种下美好的种子，玉律学校在短短两年时间内开展了校园楼体加固、外立面改造等数十项大小工程，变为一所"像艺术馆的校园"。学校重视美育教育，倡导"变普及为特长，变特长为特色"，把艺术特色、艺术审美素养根植在学生的课堂里面。办学受到片区居民认可，玉律学校也成为首批广东省艺术教育特色学校。

"美育教育是一个长期的、浸润式的教育，打造一个立体的美育教育氛围至关重要。"深圳市教育局德体卫艺处相关负责人介绍，近年来，深圳很多学校在美育教育中不再局限于只是上课或者让学生参加比赛等，而是通过校园空间改造、校园文化理念建设等多维发展，打造出立体的美育教育氛围，推动美育教育发展。目前，全市艺术特色学校创建氛围浓烈，经过3年多的努力，深圳已有43所学校被评定为省级艺术特色学校，该数字还在逐年扩大。

五是一系列改革举措加持深圳美育教育硕果累累。2019年全国中小学班级合唱展示活动在深圳举行。来自全国28个省（区、市）和新疆生产建设兵团的32所学校的班级合唱代表队近2000名师生，共同唱响爱党爱国爱社会主义的时代主旋律。这是教育部首次举行全国中小学班级合唱展演。活动之所以选择在深圳举行，与深圳多年来持之以恒地推进以美育人，在美育教育上取得丰硕成果密不可分。

近三届全国中小学生艺术展演活动中，深圳拿到331个全国级奖项；一大批学生音乐、美术、舞蹈等高水平艺术团队频频获得国内、国际最高奖项。深圳中学合唱团、深圳高级中学舞蹈团、红岭中学合唱团等，已成为深圳闪亮的艺术标签和城市名片，在国内外舞台绽放光彩，也引领更多优秀学生艺术团队走出国门走上国际大舞台，为深圳增添光彩与荣耀。

如深圳中学金钟少年合唱团是世界合唱比赛的冠军，还是全国中小学生展演四连冠团队、全国优秀合唱团、全国模范合唱团、中国合唱节示范团队。曾多次受邀出国巡演，足迹遍布亚欧美等洲多个国家，2011年创造首个中国中学生合唱团在美国纽约林肯中心音乐厅演出专场音乐会的盛举；2015年再次作为首个中国中学生合唱团，在世界顶级艺术殿堂美国纽约卡耐基音乐厅主厅举办专场音乐会，成功演出获得空前轰动；2018年应全美合唱指挥家协会邀请，作为当年度唯一的中国团赴美参加全美合唱和音乐教育界最受瞩目ACDA活动，作为荣誉合唱团演出多场合唱专场音乐会。

深圳高级中学舞蹈团曾代表深圳市、广东省连续参加教育部五届"全国中小学生艺术展演"，均获一等奖；2016年10月，受教育部委派，深圳高级中学合唱团及舞蹈团赴京参加"中国—欧盟国家教育部长会议暨第四届中国—中东欧国家教育政策对话"的文艺汇报演出。也先后代表国家外交部、文化和旅游部、教育部赴英国、美国、日本、朝鲜、澳大利亚及港、澳、台完成了国际国内各项重大外事文化交流演出任务，在各种公益演出和比赛活动中获得了一系列荣誉，被教育部特别授予"杰出贡献奖"。

再如，福田区梅林中学合唱团在2017年德国柏林世界合唱大奖赛获青年混声组金奖、2018年日本神户国际合唱比赛获精神信仰组银奖；南山区蛇口学校五彩石合唱团2017年7月参加拉脱维亚里加世界合唱大奖赛暨第三届欧洲国际合唱节中荣获大奖赛金奖、童声组公开赛冠军；西丽小学行进管乐团参加吉隆坡世界行进管乐展示团联合会比赛获少年组冠军、在美国DCI soundsport行进管乐比赛获初级组金奖。

六是联动城市优质资源打造美育之城。发布的《中共中央、国务院关于支持深圳建设中国特色社会主义先行示范区的意见》提出，深圳要全面推进城市精神文明建设，加快建设区域文化中心城市和彰显国家文化软实力的现代文明之城。而这与美育教育息息相关。

随着城市建设、人民生活对更高品位的文化需求，城市文化建设的一项使命就是引领城市文化建设和市民文化消费从粗放的大众休闲、餐饮娱乐向更有精神内涵的高雅文化、艺术审美方向提升，"一个没有教育基石、文化底蕴的城市，只能是海市蜃楼，城市的发展历程中，精神文明建设至关重要，进一步提高学生的审美和人文素养，推动城市美育的发展是新一代美育人工作的重中之重。"深圳市委教育工委书记、市教育局局长陈秋明说。

在 2020 年深圳市教育局的工作思路中，明确提出推动中小学教育"五育"并举，将深圳打造成为"美育之城"。

深圳在现有基础、成果之上，更好推进美育教育，打造"美育之城"。深圳市教育局已制订未来五年艺术教育发展规划框架，重点包括三大方面，一是深化美育课程改革与教学模式创新。在开齐开足音乐、美术课程的基础上，深度推进基于音乐、美术的跨学科统整、综合实践学习，推广 STEAM 学习、项目化学习。健全艺术教师培训体系，培养一批有科研水平的艺术名师，打造艺术学科"优才计划""校园艺术家培育计划"。二是创新学校艺术教育实践活动。共建校外艺术教育实践基地，鼓励各区建立"馆校合作""院校合作"等多种合作方式，组织艺术家进校园活动，实现"请进来，走出去"艺术实践活动。同时，各区引导并发挥区域内美育资源优势，形成可辐射全市的品牌团队，逐步建立市级艺术团队联盟，加强区域间联盟成员的交流合作。三是健全督导及评价保障机制，以评促教。做好学校艺术教育自评工作及艺术教育发展年度报告，自评工作实行校长负责制，纳入校长考核内容。逐步形成"人人有特长、班班有团队、校校有特色"的艺术教育局面。

"大力推进学校美育教育的高质量发展，力争成为与深圳城市地位相匹配、国内一流、世界领先的现代化美育工作的城市范例。"深圳市教育局副局长王水发表示，要以立德树人为根本，提升学生的审美和人文素养，为每一位学生的健康成长和终身幸福奠基，继续谱写学校美育新篇章。

美育之城建设中，如何提高全社会对于美育的认知，以及如何联动城市各方面优质资源，打造美育教育生态，构建协同育人机制，是重点和难点。除了教育部门的努力之外，深圳更多政府部门、社会机构也应加入其中，携手共创美育之城。

从名校的案例中我们可以看出，中小学美育课程至少应该有这样几个明显的育人特征：

一是自然的。这里的自然包含了两层意思。一层意思是要培养学生热爱自然的情怀，让学生亲和自然，与自然融为一体、与自然和谐，感受自然的灵气。

中国古代的山水画家王微曾谈到自然美对于精神超脱和心灵解放的意义："望秋云，神飞扬，临春风，思浩荡。"启蒙思想家卢梭非常崇尚自然，他认为自然是美的观念的源头，美存在于自然中，自然美高于人工美。他还认为，人生来就与自然有着息息相通的密切关系，对大自然怀有深沉的热爱，人是最善于感受大自然之美的鉴赏家。另一层意思是美育课程对学生而言应是自然而然地接受的，而不是刻意迫使地。学生对美的认识与感受是自然而然生成的，而不是刻意捕捉的。

二是生命的。应该引导和教育学生热爱生命，珍惜生命，享受生命，优化生命，激扬生命。要让学生懂得，生命本身就是美的，自己的生命就是美的杰作，因而应该为自己拥有生命而自豪。尽管先天赋予我们不同的容貌与身材，我们诞生在不同的家庭与地区，但因为都是"人"，我们便无比伟大因而足以自豪！每一个人的生命是绝对不可替代的——每一个人的生命由此而显出其神圣。正是无数充满个性的生命的存在，使这个世界富有生机而且色彩斑斓。要悦纳自己，善待自己，享受生命成长的快乐，也尊重他人和其他形态的生命。只有这样，我们的学生不管今后遇到怎样的人生挫折，他都不会轻易放弃生命，不管他处于什么样的人生阶段，他都能享受到属于自己生命的乐趣。

三是生活的。就是将学生审美的目光引向生活本身，让学生在平凡的生活中感受美，进而热爱生活并产生创造更美好的生活的欲望。李范等在《美育的现代使命》一书中曾高度评价"生活美育"对于提高人的生活质量的意义：当生活成为最好的艺术品之日，将正是生活成为人生最好的享受之时，生活不再是苦役，不再是痛苦。即使有痛苦、有挑战，甚至面临灾难，人们也不会逃避，而是充满勇气，充满坚定的信念。此时，"痛苦和灾难将成为显示人性尊严、证实和发展人的本位力量的最佳舞台，从而呈现出它积极的一方面，人生将成为艺术的人生，这种人生将是生活的最高境界。"

四是艺术的。引导和教育我们的学生热爱艺术，欣赏艺术，并具有一定的才艺。从学校教育角度看，除了给学生传授美术、音乐等审美基本知识外，必须培养学生一些实在的艺术技能，以让他们在参与艺术活动的过程中体验美而不仅仅是美的旁观者。中小学进行艺术教育，主要从素质教育的角度对学生进行一些艺术训练。如有条件的学校，可以充分利用课余时间，组织文学作品阅读小组、书画小组、乐队、艺术体操队、声乐队、器乐队、舞蹈队等，通过这些活动，陶冶学生的情操，培养学生琴、棋、书、画等艺术才能；通过这些活动，丰富学生的业余生活，创造美的意境。

五是立体性。传统美育课程往往是单一的、平面的，这种美育仅仅是通过学校开设的美术课、音乐课来进行。"立体的"首先意味着美育与德智体劳诸育的互相渗透。引导学生感受科学之美、智慧之美、创造之美，体验发现愉悦和理智的美感。在体育中进行审美教育，就是要学生在掌握体育运动的操作程式和规范模式的同时，在各种运动中切身体验健康之美、形体之美、力量之美等体育所特有的魅力。在劳动教育中进行审美教育，就是让学生在劳动实践中感受并理解马克思所说的"劳动产生了美"，甚至通过自己的双手在劳动中创造美。让我们的学生不仅仅是美育的对象，而且同时也是美的载体或者说是美的体现者。也就是说，学生在接受美育，但同时他们又以自己仪表的美而成为美育环境的一部分乃至美育的资源。

六是示范性。紧紧依靠具有审美素养的教师，使学生在教师的引导下，走向美丽的人生。教师应该具有得体的仪表美。就是"得"教育者身份之"体"、"得"教育内容之"体"、"得"教育环境之"体"。教师还必须有精湛的教育艺术。对教师而言，拥有丰富的专业学识和熟练的教学技艺，不一定就拥有了教育艺术的美。教师还要有教学语言之美、教学机智之美、教育情感之美、教育氛围之美。教师必须有高尚的审美情趣。要求每一位教师都有艺术特长是不现实的，但教师如果能够拥有一项艺术特长，则肯定不但有助于他的教育，而且这也是一种潜移默化的美育。

七是创造性。应该注重在美育课程中培养学生的想象力和创造力，激发创造的冲动与欲望，享受创造的快乐。席勒在《美育书简》中认为，在力量的王国中，人与人以力相遇，因而人的活动受到限制；在伦理的王国中，人与人以法律相对峙，人仍要受限制；只有在审美的王国中，人可通过自由去给予自由，因而会给社会带来和谐，也使人成为和谐的整体。这从一个侧面揭示了审美与创造的内在机制，也就是说，通过审美，解放了人的感性，激发了人的灵性，开阔了人想象的空间，从而开发了人的创造性。创造美育，需要宽松的氛围，需要让学生始终保持开放自由的心态和愉悦快乐的体验，需要教师努力呵护创新思维的萌芽。

八是发展性。学校美育还要敏锐地察觉到科技变迁带来的媒介变化，以及人们随之变动的审美趣味和认知、欣赏方式，通过丰富美育的内容和形式，拓展审美教育的途径，让学生自觉地提升自己的审美鉴赏能力与表现能力，自觉地感悟美好的德行与艺术人生，以培育自身健全的理想人格和高尚优美的情操，努力实现人的"诗意地栖居"。中小学美育课程也不是一成不变的，是随着时代的发展而不断变化的。这里的"变"不仅指落实课程的手段，课程的门类、课程的设置等都要随着时代的变化而与时俱进。

总之，中小学美育课程应该具备从"学生视角"开设，"成长视角"设置。其指向性应是自然的、生活的、生态的、生长的、生命的、生成的。同时还是立体的、科学的、人文的。还要有示范性、创造性、精神性等特征。

二、高品质美育课程的实施

《礼记》里讲，"德音之谓乐"。"声""音""乐"反映了三个不同的层次："声"是人的生物性本能表现，"音"是经艺术修饰且符合社会规范要求的，而"乐"是在"音"的基础上，承载了道德教化的内容。这是从符合社会规范到通往道德高度的要求，是美育的最高境界。所以美育课程的实施必须有一定的载体与途径，那就必须构建起中小学美育课程体系。既包括学校美育课程，又包括以学校为轴心向外辐射的家庭美育、自然美育、社会美育课程，从而构建起中小学美育课程体系。这里我们重点要谈的还是局限于中小学校之内的美育课程。

西南大学教育学部教授、美育研究中心主任赵伶俐在《创建新时代大美育课程体系》一文中提出的中小学美育课程体系可概括为大美育五圈课程模式，具有很高的研究价值和实践指导作用。

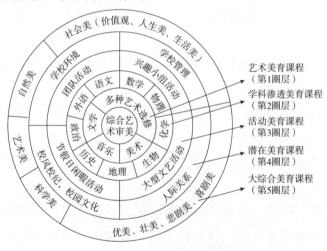

中小学美育五圈课程模式

第一圈层——艺术美育课程。就现阶段而言，各级各类中小学校，艺术课程还是美育课程的核心。首先必须开齐开足国家规定的音乐和美术两门课程。不过要注意的是，多数学校对这两门课程的理解更注重基础知识和技能本身，而忽略其美感教育，更有甚者开设的目的就是为了特长考试。因为条件限制，暂时还不能开设更多美育课程的学校，可以先从开好这两门艺术课程及其审美化教学改革开始。目前已经有学校增加了更多或"n门"面向全体学生的艺术课程，例如审美综合课，以系统培养学生的综合艺术鉴赏能力，不过高中阶段开设的较多，九年义务教育阶段的学校也只有北京、上海等大城市和广东、江苏等教育发达的省份部分学校开设。有相当多的学校开设了各种类型的艺术兴趣和训练课程，以完成国家和教育部提出的每位学生应该掌握1—2项艺术技能的目标，即做到每个学生都能得到个性化发展。同时，也有学校为有艺术特殊兴趣和特长的学生提供了较高水平的艺术训练机会，有的以合唱团、舞蹈队、书法班的形式开设，有的以更加细化的社团课方式开设，如舞美设计班、编导课程、摄影课程、器乐课程、民族唱法课程、雕刻课程、素描课程、国画课程、编程艺术课程、平面设计课程、口才艺术课程、文学欣赏课程等等。开设较好的学校实行走读制，但绝大多数还都是固定课程的方式。有的学校是独立完成，有的学校采用聘任社会相关机构的教师来完成课程。

第二圈层——学科美育课程。也称学科渗透美育课程。实际上大多数学校很少去挖掘学科课程的审美教育资源，其实语文、品德、政治、历史等文科课程，数学、物理、化学、生物、地理等理科课程等，本来就蕴含着美的因素，包括内容美、语言美、形式美、构造美、形态美等。提炼学科审美内容，创建学科审美方法，培养学科审美素养等，是这类美育课程的独特目标和功能。已有研究表明，通过审美激发学科学习兴趣和学科想象力，促进学科感性与理性思维能力的协调发展等，有助于显著提高学科教学质量。难点是各科教师需要转变观念，提高学科审美素养，才可能胜任目前中小学学科课程教学的新要求，才能更好地落实学科目标中的情感、价值观、人生观目标，才能真正地把社会主义核心价值观真正地落到实处。

第三圈层——活动美育课程。应该说，活动美育课程在很多学校开展得都非常好，不过随机性、随意性较强，能够固化下来提升为课程的学校还不多。班队与大型文艺活动等美育实践活动课程，要按国办《意见》的要求，积极探索创造具有时代特征、校园特色和学生特点的美育活动形式。按《教育部关于进一步加强中小学艺术教育的意见》，要大力开展小型、灵活、多样的艺术活动，民族地区的学校要积极开展具有少数民族特色的课外艺术活动。为此，要开拓更广阔的美育社会资源与活动空间，如自然山水、博物馆、美术展、剧院、古镇名胜等，构建与之相关的美育大课堂、大教学、大实践活动平台。对于中小学而言，很多活动是完全可以固化为课程的，比如说青年节、国庆节、劳动节、校庆、毕业典礼等几乎每年都要开展，那就可以把它固化为一年一度的课程。还有如校园美术节、绘画展、手抄报展、歌咏比赛等一系列的活动，均每年度或每学期在固定的月份内开展，这样就可以设计出系列化的课程，甚至可以设计出三年或五年内的活动课程的教材、方案等。

第四圈层——潜在美育课程。包括办学理念、校训校旗校服、校园文化建设、学校制度和管理建设等潜在因素的课程化和美化。注重校园文化环境的育人作用，以美感人，以景育人。让社会主义核心价值观、中华优秀传统文化，通过校园文化环境浸润学生心田。这类课程有其显性特征，如校园的一草一木、校园的装饰的细节、每一个角落都流露出不同的美感，这需要学校的领导者有较高的审美水平，把理念之美、制度之美、文化之美等一系列内在美用外在的形式呈现，让学生可触可视可感。当然这种文化的美除了在物质方面呈现，更主要的还是在"人"的层面表现，如教师得体的衣着、大方的仪态、恰当的语言、缜密的思维等一系列的表现都能给学生带来美感；相反，教师衣着随便、语言随意甚至粗俗、知识结构有缺陷、课堂教学不精彩等便谈不上美的感染与熏陶，反而会起到相反的"教化"作用。实际上这类中小学美育课程对学校管理者、教师队伍、家长群体的要求更高，也更难实施。

第五圈层——综合美育课程。目前已开展的有综合美育实践活动、"审美·综合"、文理艺大综合美育等课程，它集中系统地传授美的基本知识，包括自然美、社会美（内容包括社会主义核心价值观、优秀传统文化、美丽中国、美丽乡村、美好生活等）、艺术美（各类艺术）、科技美（各领域科学理论、符号、公式、实验）等及其鉴赏方法，以培养学生跨学科鉴赏各种美以及表现美、创造美的素养。该课程是中小学最简要、包容性最大的美育课程，或可作为与"互联网+"深度融合的、智能化的实验课程来开设。这类综合美育课程看起来与中小学阶段的美育有点距离，实际上中小学校开展的研学课程、校际联动美育课程、传统文化专题课程、生态教育课程、劳动课程、地方文化民俗课程等均涵盖在这一范围之内，还有的学校开展的如生命教育课程、经典教育课程等均是有益的实践。

前面提高的五个圈层的美育课程不仅仅是五个方面的课程实践内容，也暗示该美育课程的实践方法。

一是中小学美育课程的实施有其阶段性。中小学美育课程的实施绝对不是学校的一厢情愿，而是要根据课程本身的台阶式阶段性、螺旋式阶段性来开设。针对不同年级、不同年龄段的学生开设不同的美育课程，所开设的课程应该适合这一个年级、年龄段的学生接受。即便是同一门美育课程，在实施的过程中，不但要注重年龄段或年级，而且要重视学生的差异性，承认学生的客观差异，因而要实行差异化教学，也就是因材施教，不能把课程按照一个教案、一把尺子、一个标准来要求全体学生。

二是中小学美育课程实施要做好顶层设计。应该说，当前所有中小学都开设美育课程，为什么有的开设得非常好，有的特别差呢？根本原因就是缺少顶层设计。没能设计好开设哪些方面、哪些层面的美育课程。所以说前面赵教授的"五圈层"设计方案能给我们带来很多的启示。当然并不是说所有的学校都要遵循这样的模式，而是应该设计出整体的个性化的美育课程，因地制宜地结合校情、师情、生情、区域情等因素，总体设计出适合自己学校的美育课程实施方案。如包头市哈达道小学便顶层设计好了"以美启智"基础课程、"以美养德"拓展课程及"以美怡情"环境课程这样三级课程，以专题化、模块化、系列化的方式实施，构建起美育特色课程体系。

三是中小学美育课程实施要做好师资保障。美育课程的实施，特别是专业性较强的美育课程需要有专门的教师进行授课。这就要求该课程教师的专业素养高、审美素质强。同时也要求教师的综合素养高，特别是师德师品方面要好。更要求美育课程的专业教师能够与时俱进，因为随着时代的发展，每一门专业技能都在快速发展变化。比如说平面设计，以前都是手工绘制，现在电脑设计，而且软件还在不断更新。以前平面设计是静态的，现在是设计者与需求者实时联动。如江苏省艺术教育特色学校和江苏省初中课程建设特色学校通州区实验中学秉持"教育美学"，研发基于江海文化的校本美育课程，实现初中艺术教育的"美学化"转向，让教育跟艺术相互打通。依托非遗传人曹晓峰名师工作室，学校成立了区级艺术教育校本课程研发团队，编写《南通蓝印花布》《经典音乐欣赏》《花样啦啦操》等美育校本教材，45个班级实行艺术社团"走班制"。开设通州蓝印花布、南通仿真绣、南通剪纸等"非遗"系列课程，重点普及蓝印花布项目。成立美育创新研究项目组，以"蓝印花布"精品课程为龙头，开发"美育＋学科"特色课程。

四是中小学美育课程实施要有硬件保障。随着国家对教育投入不断加大，绝大多数学校基本的美育课程保障能做好。特别是国家课程中规定的音乐、美术的保障方面都能做得很好。基础上的美育课程所有的学校都能开设。但我们不能不承认区域性校情的差异。有的学校有专门的美术馆、音乐厅、冰上艺术馆、文博馆、各种专门的美育课程教室等，但这些硬件设施并不是所有学校都具备。所以这里所说的硬件保障，指的是学校要善于充分挖掘资源。同理，有的学校有音乐厅，但并未开设大型合唱团课程；相反，有的学校没有现代化的音乐厅，但能挖掘现有条件，利用多功能教室、多功能厅等开设了合唱课程。

五是中小学美育课程实施需要合作共享。国家和地方美育课程教育部门会全力提供保障。但其他方面的美育课程的实施往往需要校际联合、学校与社会机构合作、学校与家长合作等。在场馆场地、课程设施、专业设备等方面共建共享。当然这里所有的合作更多指的是师资力量方面的合作共赢。如学校师资互换互助，有专业特长的家长协助、社会美育机构和文化团体的师资支援等。这几个方面中，我认为，与社会美育机构的合作要有界线，因为社会美育机构大多以营利为目的，公益性美育机构很少，所以充分挖掘校际之间的资源，形成本区域、跨区域的校际联盟共享是实施该课程的最佳合作渠道。

六是中小学美育课程实施要有民族品性。就是说，中小学美育要落实民族教育的目标，因为世界各国体制不同、发展模式不同，在不同价值观的指引下，对美的认知存在着较大的差异，对美的教育，对美育课程的设置便有着明显的不同。比如说，优秀的传统文化我们认为是美的，要融入美育之中。而在国外的有些国家却认为这是不美的。正因为存在着如此巨大的认知差异。我们的中小学美育课程实施更要体现出为我们这个民族的发展而实施该课程的追求。当然，我们并不是完全排斥国外的审美，而是要学会去粗取精，博纳有益的东西。

七是中小学美育课程实施要处理好全面性与个性化的关系。全面性是以美育课程是面向全体的，面向全校所有在校学生的，而不是部分学生，是一种全方位、立体化的美育。个性化是指每个学生均有发展、均有特色、均有特长。这就需要学校在实施美育课程的过程中处理好学生共性美育和个性美育之间的关系，找到并找准每个学生接受共性美育与个性美育之间的切入点，也可以说是平衡点。不能因求全而失偏，更不能因专一而失全。当前，很多学校把美育课程当作特长课程看待，这是一个危险的信号。

八是中小学美育课程实施的关键是科学评价。当前绝大部分学校采用的考查和社会机构采用的考级均指向的是单一的美育课程，而未能指向每一个学生的美育素养。如何科学评价美育课程育人成果体现出综合性与适度合理性、全面性便成了实施的关键。现阶段还没有成型的完善的美育素养评价体系和标准，只有艺术课程指导性评价体系和标准，但落地生根还需中小学来自行细化。所以期待着美育评价体系的百花齐放，科学严谨。

总之，中小学美育课程的实施既有有利因素，又有制约因素。但总体看，实施的途径、整体与保障是向好的、得当的。关键要看课程谋划者、执行者的实施力度、方式与方法。一句化，美育课程的落地、生根、发芽到苗壮成长，需要的是有力度、有温度、有长度、有宽度、有深度的实施。

第二节　高品质美育课程的价值与意义

著名歌唱家李谷一将歌曲《我和我的祖国》唱响大江南北。如今，在学校机关、大街小巷、旅游胜地等，总能听到这首旋律。一首专业曲目，遍及全中国，汇成人民大众激情高歌的洪流，这是为什么？是大家突然心血来潮，或都成了歌唱家？不。是因为我们新中国，历经70年余艰苦奋斗，已经发生翻天覆地变化，进入了伟大的新时代，要"把我国建设成为富强民主文明和谐美丽的社会主义现代化强国，实现中华民族伟大复兴"。这种浸透身体和灵魂的自豪而美好的感受，唤起人们满怀真情和激情去歌唱与建设美丽中国，去创造美好生活和一切美好事物。而这就是，新时代美育要提高学生和全民"审美和人文素养"的根本主旨与真谛所在，即美育课程的价值和意义所在。

进入社会主义新时代，美育受到越来越多的重视。国家领导人强调要坚持以美育人、以文化人，提高学生审美和人文素养。强调要坚持以德树人、以美育人、以文化人，提高学生审美和人文素养，弘扬中华美育精神，增强文化自信，等等。"人民对美好生活的向往，就是我们的奋斗目标"，强调要建设美丽中国。新时代美育承载着促进人的全面发展、推进社会全面发展等责任与重大使命。这正是我们要开设并落实好中小学美育课程的目标。

一、中小学美育课程的价值

国务院办公室2015年发布的《意见》提出，到2020年，初步形成具有中国特色的现代化美育体系。这一阶段的任务基本完成，但尚未全面普及。所以目前各级各类教育机构和学校在确保面向全体学生的艺术课程设置和保障学时学分落地的同时，还应继续开设各种各样富有创新性的美育课程，使得新时代美育焕发出前所未有的勃勃生机。我们把这种以艺术课程为核心，同时远远超越艺术课程的称为美育课程体系。那么这种课程体系的建设有哪些价值呢？

先回顾一下20世纪20年代，时任教育总长蔡元培力倡美育，指出美育是人格全面发展教育中的组成部分，也是贯穿各育的"津梁"和"神经系"，提出美、美感和美育具有丰富精神、超越个人功利得失、陶养高尚性灵等价值，"皆足以破人我之见，去利害得失之计较。则其所以陶养性灵，使之日进于高尚者"。指出不同于专业教育的面向人人的"普及的美育"，除有"专属美育的课程，是音乐、图画、运动、文学"等外，"凡是学校所有的课程，都没有与美育无关的"，且从胎教、幼教、基础教育到大学专门教育及至老年教育等，贯穿人的一生。百年过去了，这样的话，放在21世纪的20年代是不是同样说出了美育的心声，发出了美育课程的呐喊。

中小学美育课程的价值主要体现在哪几方面呢？

我们先来看看德国中小学的美育课程。德国的中小学校运用美育培养学生的审美情趣，提高学生的综合素养。德国学校教育中的美育被定义为："培养具有享受、批评和改造艺术作品的审美能力，培养感觉和塑造个人周围世界的生活能力，培养理解社会现象和审美现象的能力以及通过敏感化了的感觉来加强个性意识。"在这种新的美育思想引导下产生了"以学生为中心"的音乐课程包括了课堂教学与课外活动两方面。在课堂教学中，音乐是一门必修课，中小学生每周要上3个小时的音乐课，音乐课不及格，不允许报考大学。校内的音乐课上让孩子去接触能够发出声音的东西，让孩子去摸、敲、弹、吹，让孩子去感受音长、音色、音高、音准以及噪声与寂静等。老师还鼓励学生根据自己对歌曲与乐曲的理解，进行即兴的动作表演，给孩子充分的想象空间，让学生用动作、琴声、模仿的音响，表现富有想象力、创造力的音乐图画。重在培养学生的感受力、鉴赏力、表现力，目的是让每个孩子都能理解音乐、享受音乐。德国学校音乐教育的另一个重要方面是课外活动——即学校音乐生活。在相当数量的学校中，往往有近半数学生参加学校的乐团、合唱团、课外活动小组的音乐活动，学校经常在节日、新生入学、毕业典礼、体育运动会，以及各种传统性活动时举办全校师生参与其中的音乐会。更大规模的活动是区、市、州及国家定期举办的学校艺术节，这类活动丰富、热烈，通常持续两周时间。德国人的严谨及其在科技上的创新活力举世闻名。焉知这其中没有学校教育中扎扎实实落实美育的一份功劳？

从这样的例子中，我们不难分析出中小学美育课程的价值。

一是社会价值。作为新时代的中国学校美育课程中如何让孩子们通过绘画、音乐、舞蹈、器乐、影视作品、文学作品等综合性的美育课程，能够潜移默化地感受到国家领导人强调的中国的历史观、国家观、民族观、文化观等中国精神，并凝聚成中国力量，这正是美育工作应该认真去践行的一个标准，也是美育在新时代中国特色社会主义思想里面，让我们通过美育工作，把中华优秀传统文化、中国革命文化、中国特色社会主义先进文化的种子深深地埋藏在孩子们的内心，能够成为孩子们生长发育过程中形成践行社会主义核心价值观的一个重要组成部分。因此中小学美育课程是增强全民族文化自信、文化繁荣的基础性工程。

二是育人价值。中外教育都注重并强调美育课程的特殊育人价值，因为它关联起了美学、艺术、教育、人与社会的多重组合，育人内容丰富、育人形式多样。中小学美育课程的育人价值在于，能够充分提高个体对艺术、审美等的感悟力与理解力，在陶冶情操过程中培养审美情趣，促进个体身心健康。教师可以适当引导学生认识到，审美的对象不仅仅是流行文化，在传统文化、经典艺术中，蕴含着深厚的审美意蕴，对于倡导真善美、甄别假恶丑，具有特殊的意义；对于提升人的欣赏、感悟和理解能力，具有不可替代的作用；对于激发大学生热爱美、欣赏美、创造美的欲望，激发学生对生活、对人生、对社会的热爱，避免"空心人"现象，具有积极作用。

三是思想价值。美育是促进人的自由全面发展的重要方面，也是学校教育的重要组成部分。而美育课程正是落实美育的载体，特别是在中小学阶段显得尤其重要。虽然德国古典美学家席勒是第一位正式提出"美育"思想的人，但是人们对于美育的探索可以推及更早远的年代。无论是中国还是西方，无论是古代还是现代，从历史发展的脉络看，东、西方的教育思想家们都不约而同地看到了美育尤其是审美艺术教育对青年完善品格的重要塑造作用。早在春秋时期，孔子就提出"礼乐治国"。他认为，要实施这套策略就必须推行"六艺"，强调对礼仪、音乐、骑射等科目的全面研习。随着时代的发展，中国当代之美育，既努力吸取前人的美育思想的合理因素，又结合时代的发展，进一步创新了审美教育的观念。基于教育要"面向现代化，面向世界，面向未来"的广阔视野，以促进青年学生自由的全面的发展为目标，昭示美育所蕴含的理想之光对学生成长的指引作用，关切美育在培育青年学生审美体验的感性特质，激发他们创造性的直觉能力，提升他们健康的审美趣味与艺术理解力等方面的重要意义。

而深入一步看，在学校审美教育方面，通过审美教育与学生的个体禀性的结合，引导青年学生努力修习各项科学、技术、人文、艺术知识和技艺，并实际地去发现、去感受生活中各种美的事物和现象，以使青年学生逐渐融入审美育化的瑰丽境界之中，追求自我的不断提升，达到完善的人生。这可以说是学校美育最为基本也最为重要的育人功能之一。

四是生活价值。美育必须以人的现实的感性生活为基础才能得到有效展开。我们应该看到，审美是对生活的一种体验，美育需要自然地从生活中不断吸取养分，而不能狭隘地局限在孤立的、象牙塔式的艺术教化与少数作品的审美鉴赏中。美育课程要让中小学生借助日常生活的审美去激励人们真正地感受到生命存在之美、生活本真之美，使传统的艺术教育与多领域的教育相结合，帮助青少年学生更好地圆融感性与理性的和谐，潜移默化地实现教育目的与实施方式的整合。例如，当代中小学普遍注重校园文化景观建设，这种潜在的美育课程，着意营造美的氛围，用艺术眼光和艺术方法美化校区生活环境，力图在平常的校园生活中创造出不一样的审美体验。学生在校园中可以看到的各种体现学校历史文化的雕塑作品，古典的或现代风格的建筑群，赏心悦目的园林布局，甚至是精巧的道路美化与宣传栏展示，都表现出一种强烈的精神风貌与艺术品位。这些精心规划的校园文化景观可以提高学生的审美内涵与鉴赏能力，亦能让他们在日常所见之景中无意识地感受到美。这样一种令人愉悦的校园生活环境明显地体现出了带有深厚文化内蕴与轻快审美欣赏特征的生活美育观念，它们有利于激发学生精神层面的自由，并使之感悟到历史、时代、生活的意义。

五是生命价值。中小学美育课程是为了帮助青少年学生陶冶性情，培养健全高尚的理想人格与优秀敏锐的审美能力。当今一些人过度地追求物质利益、物质享受的价值趋向往往使他们遗忘了人的生命存在的意义，造成了人的异化和主体性的缺失，导致了部分学生审美趣味趋于平庸化、快餐化和浅薄化。实施美育课程其价值在于美化心灵、健全人格。人一旦发现美的事物与观念，将之吸取至心灵深处，当作思想情感的养料与其心身交融，就能够使人的性情和品格变得高雅，最终促成人的精神解放，回归本真的自由存在。而如何能够真切感受、理解并探求美的人生，便需要美育来进行指引。

六是独特价值。从"德智体美"这四育的结构上看，智育是开化心智、形成知识、掌握技能的教育，体育的目标是身心健康、体魄强健，德育是让人成为符合社会规范和道德规范的人，美育也是直接针对人的生物学属性，但它是要去改造，不是去放大人的生物学属性。只有美育是对人的生物学属性彻底的改造，是教育最重要的基础。所以美育课程便能帮助学生认识现实，认识历史，同时可以发展他们的观察能力、想象能力、形象思维能力和创造能力；还能调剂他们的生活，提高学习效果。在美育中要求整齐清洁，美化环境，也有利于健康，有助于体育的开展。能够促进学生智力发展，扩大和加深他们对客观世界的认识；促进学生良好道德品质的形成；促进体育具有健身怡情的作用。

七是共生价值。借助中小学美育课程培养人的爱美之心和爱美能力，爱人之美，爱社会之美，爱自然之美，爱宇宙之美。教人求真知，行真事，做真人，追求真理，实践真理，捍卫真理，培养人的创造能力，追求幸福生活和幸福人生。促进人类的文明进步与和谐律动，构建人类命运共同体，促进人与人、人与社会、社会与自然、地球与宇宙共同生存和发展。费孝通先生提出的"各美其美，美人之美，美美与共，天下大同"充分表达了美育的共生价值。康德说"唯有头顶的星空和心中的道德法则使我敬畏和惊赞"，这表达了美育的最高价值：使人发现、创造、敬畏自然之美、生活之美、艺术之美、社会之美、自由之美、规则之美。

总之，从培养中小学生的核心素养、提高其思想境界与生存能力看，没有美的教育，就不可能有完整的教育。一朵云在大人眼中是一团水汽，在孩子眼中是大象、城堡乃至整个奇异世界，而美育就是回归对孩子生命直觉的引导，用美来温润孩子的眼睛和心灵。成功的美育，能让孩子们感受到什么是"江南可采莲，莲叶何田田"，什么是中国画的"远山如黛、近水含烟"，什么是诗词书画背后的人生际遇、家国情怀。也正是在这种可感可知的审美中，引导孩子领略古今中外的艺术瑰宝，让美进入日常生活，进而在审美中感受我们的历史与文化。

雅斯贝尔斯说，"教育的本质意味着，一棵树摇动一棵树，一朵云推动一朵云，一个灵魂唤醒一个灵魂。"美育的根本目的是人格的养成、灵魂的塑造。美育关乎孩子的快乐幸福，关乎国家民族的未来，需要从学校教育到社会教育、家庭教育的整体美育环境和美育共识。通过春风化雨的美育工作，让孩子成长为有信念、有情怀、有担当的人，成就更加丰富和饱满的人生。

二、中小学美育课程的意义

《礼记》中写道："情动于中，故形于声。声成文，谓之音。"一个人在受到外部刺激而产生心理感受时，会自然而然地发出"声"。这个"声"要能够按照社会的规范、艺术的规律进行修饰、美化，那就是"音"。其实，每一个人来到这个世界上，都是一种生物性的存在，但当我们对自身的表现行为和发出的声音，按照社会规范和美化的要求进行修饰时，那就是"音"，那就是每一个人要进入到文明社会中，都应该去做的一件事。这离不开美育，自然离不开美育课程。中小学美育课程的意义在于推进素质教育、推进德智体美劳全面发展、培养出真正能够承担起中华民族伟大复兴这个历史使命的人。

我们先来看看美国开设中小学美育课程的意义是什么？

美国的美育理论与实践受到了教育家杜威、布鲁纳，美学家苏珊·朗格、阿恩海姆等人的影响。具有重视经验、创造性与教育自由的特征，即其课程的意义体现了"教育自由"这明显符合美国价值观体系和人才培养方式。其"综合音乐感"课程成为上述特征的一个重要佐证。这是门产生于十九世纪六十年代，但至今仍然对美国的音乐教育和美育有着十分重要影响的课程。"综合音乐感"课程首先从大专院校的音乐系开始，逐渐推广到非音乐专业和中小学音乐教育之中。所谓"综合音乐感"教育就是希望通过音乐、节奏、旋律、和声、曲式、调性、结构等素质的综合培养，使学生能够对音乐有正确的理解，并具有将自己的理解和感受充分表达出来的能力。其中一个重要的要求是：每一个学生都必须学会"指挥"——让学生通过手势表达自己对音乐的理解，而且表达得让大家都能看得懂，使大家随指挥的手势作相应的表现。由于指挥是各种素质的综合反映，因而指挥对审美经验及其改造的作用十分有效。作为世界上最发达的国家，美国的中小学美育受到了较大程度的重视。美国小学、初中一般每周都有 5 课时以上的艺术教育；高中阶段，联邦教育部则规定学生们至少要修一年以上的艺术课程，一般高中也都有音乐、美术、舞蹈、戏剧等课程供学生选择。除了学校美育，美国还有不同形式的课余艺术活动中心组织的艺术教育活动，专业艺术家及艺术团体也常常到校园演出，此外还有形形色色的艺术夏令营、冬令营之类的活动等等。社会美育成为学校美育的有效补充和延伸。其意义在于培养出高素质的国民。

那我国现在实施的中小学美育课程的意义是什么呢？

一是落实教育方针。全面贯彻党的教育方针，以"立德树人"为根本任务，德智体美劳"五育"并举来培养社会主义新人，所以把培育和践行社会主义核心价值观融入学校美育全过程，根植中华优秀传统文化深厚土壤，汲取人类文明优秀成果，引领学生树立正确的审美观念、陶冶高尚的道德情操、培育深厚的民族情感、激发想象力和创新意识、拥有开阔的眼光和宽广的胸怀，培养造就德智体美劳全面发展的社会主义建设者和接班人，在提高审美素养的同时，提高全民族的整体素质。而这一切离不开美育课程，特别是中小学这一学生思想、精神可塑性极强的阶段开设美育课程的重要意义不言自明。

二是推动全面发展。以培养德智体美劳全面发展的人为目标的教育才是全面的教育，围绕着全面发展的教育而开齐开全课程才能落实教育的目标。所以中小学美育课程开设的意义主要表现在培养全面发展的人。培养和提高学生感受美的能力；培养和提高学生鉴赏美的能力；培养和提高学生表现美、创造美的能力；培养和提高学生追求人生趣味和理想境界的能力。培养人审美能力和创造能力的基础上，塑造完善的人格，滋养人文情怀。从而让学生高质量地实现自己有价值的理想，度过有价值的人生。课程意义的根本所在就是要提高人的生命素质，让精神得到满足，这既是每个人追求的生命境界，也是培养造就全面发展的社会主义建设者和接班人的学校教育所致力的方向。

三是促进个性成长。随着中国特色社会主义文化建设的逐步推进，中小学美育课程的实施，不仅要增量更要提质。在提质过程中，既要培养人的审美情趣，更要培养人的创造能力，由此使富有个性的精神活动上升为实践自由。值得强调的是，如蔡元培所提倡，美育的旨归是要培育符合时代精神的价值观，这就需要以国家大的文化发展方向为核心，将中华优秀传统文化和社会主义核心价值观深入贯彻到美育工作中；同时更重要的是要培养出有独特个性、资质，有特殊才能的人。美育课程为学生的个性差异化发展和特色化发展提供了必要条件，让学生从自然环境和人文环境中生发对美的感悟，建立起自我身心与天地自然和社会人文的连接，由此才有可能完善其人格，形成有别于他人的能力，从而提升其创造、创新能力。

四是营造美育氛围。中小学美育课程的设置与实施还能营造出"大美育"育的氛围，打通家庭美育、社会美育、自然美育之间的关联，从而形成以学校美育课程为轴心的辐射性美育课程，或者说由学校美育课程带动家庭美育课程、社会美育课程的设置与实施，让美育课程的触角向外延展便成了中小学学校美育课程的意义所在。而且只有形成学校、家庭、社会联动的美育，构建起以学生为中心的美育课程体系，让教师、家长、社会人士形成美育的合力，才能真正达到美育的效果。

五是丰富办学内涵。文化是一所学校的灵魂，而美育是让学校有文化品味必不可缺的一个标签。开设美育课程，不但能够让学校的办学理念内涵更深，而且能更接地气。不但能使学校精神更有显性特征，而且能使学校的办学目标更有底蕴，更有美的色彩。一所学校办学质量如何，关键的不是看有升学率，有几个得高分的学生，有多少学生考上重点高中、名牌大学。而是要看这所学校在当前是否有内涵，发展是否强劲。因而美育课程的意义在于能够提升学校品位，让学校的办学内涵更丰满。如重庆市大渡口区马王小学围绕"以德树人、以美育人"开展活动，以社会主义核心价值观和"中国梦"为主线，提出"以美为魂、美艺共进"的理念，创建艺术工作坊"美雅集"，开展"阳光男孩·优雅女孩"美育实践活动，通过活动激发学生爱生活、爱学习、爱校园、爱祖国的情感，培养学生良好的思想道德素质、健康的审美情趣和良好的艺术修养，引导他们向真、向善、向美，体现小学生朝气蓬勃的精神风貌。同时也使学校的办学理念更加深入，办学内涵更有了文化的味道、文明的滋味、美的品味。

六是时代发展需要。中国特色社会主义进入新时代，人民美好生活在概念上获得了充分完整的意义，是中国历史上一种全新的幸福观。它是以好生活为中心的好身体、好品德、好人格、好作为、好社会、好世界、好生态的完美统一。人民对美好生活的向往与追求，反映了人的根本的、总体的需要，代表着人追求真、善、美的深层愿望。通过开设中小学美育课程我们要让每一个孩子认识美育本质和构建美育价值，建设学校美育、家庭美育、社会美育的全民美育体系，才能建设美育中国、大美中国。

朱光潜先生在《谈美》一文人中强调："美是事物的最有价值的一面，美感的经验是人生中最有价值的一面。"让我们告别标准答案式的常识和技能教育培训，告别粗陋的审美情趣，接受"美育"，让美好生活真正"美"起来！美育课程的意义就是为美好生活美起来奠基。

中小学美育课程实施的意义概括起来说就是"激励人的精神,温润人的心灵"，培养一代懂得感受自然、生活、精神之美的新国民，中国的未来才可能健康而美好、强大而温润。具体点说，就是给予人力量和幸福；给予人类文明和共生。人类最大的力量是"爱"的力量，人类最伟大的智慧是"真"的智慧。人类因爱而产生创造的智慧和力量。创造家庭，创造事业，创造生活，创造学习，创造情感。

参考文献

[1] 柏拉图 . 柏拉图全集第二卷 [M]. 王晓朝，译 . 北京：人民出版社，2003:337-338.

[2] 潘知常 . "以美育代宗教"：中国美学的百年迷途 [J] 学术月刊，2006.

[3] 叶朗 . 中国美学史大纲 [M]. 上海：上海人民出版社，2005:652.

[4] 席勒 . 审美教育书简 [M]. 张玉能，译 . 南京：凤凰出版传媒集团，2012:97-98.

[5] 朱光潜 . 朱光潜全集之西方美学史 [M]. 北京：中华书局，2012:499.

[6] 朱永新 . 走近最理想的教育 [M]. 桂林：漓江出版社出版 ，2008.

第二章

名校长美育课程实施的思考

第一节　对高品质美育课程的独到理解

中共中央、国务院在《深化教育改革，全力推进素质教育》决定中，强调指出："美育不仅能陶冶情操、提高素养，而且有助于开发智力，对于促进学生全面发展具有不可替代的作用。"学校教学是现代实施教育的主要方式和途径。它通过特定的组织形式，由教师施教和学生受教来有目的地传递知识经验，其根本职能是育人、化人、使人成材。教学活动作为人类生活中重要的实践活动之一，必然会有丰富的审美因素，而且，要获得优秀的教学效果，就应该将教学艺术化，这更蕴含着对美的直接追求。在此，谈一下对学校实现高品质美育课程的独到理解。

美育课程对多育具有渗透性和辅助性。在教学活动中，美育渗透于德、智、体、劳、群，多育之中，并辅助多育取得理想效果。

一、美育对德育的渗透和辅助

德育的目的是传授道德认识，使受教者树立起道德理想和道德观念，并使自己的行为符合道德规范。德育和美育在目标、任务、教学方式诸方面是有区别的，但两者又是相互渗透的，而且审美情感与道德情感也是相互贯通和相互渗透的。一切美都来自高尚的情感，而这些情感又会激发人的美德，当人们置身于美的事物之中时，不但会感到愉悦，而且也会产生责任感。即高尚的道德本身也会给人以美感，利用教学过程中的审美氛围、审美情调，激发起学生对生活的热爱，树立起美好的生活理想，使精神升华。

二、美育对智育的渗透和辅助

智育的目的是让学生系统地掌握科学知识，提高智力和能力。智育是学校教学活动的主要部分，只要讲究教学艺术，美育自然就渗透在智育之中，辅助智育的进行。首先，一切事物，包括抽象的观念知识，只要有美的因素渗透其中，就会焕发出动人的光彩，使受教育者产生强烈的追求愿望。对真理的追求来自对真理的爱，美的光彩会大大地加强这种爱。爱因斯坦就明确承认，他对自然规律的探索，是由于被自然界所显示出的"数学体系的美强烈地吸引住了"。这就是说，审美体验能提高参与智育活动的兴趣，成为其内在的动力源。其次，智育教学除了需要理性思维能力外，还需要想象能力、直觉能力、记忆力等。美育对提高这些能力也是有重要作用的。爱因斯坦还说过："想象力比知识更重要……想象力是科学研究中的实在因素。"美育是培养训练想象力的最佳途径，要善于利用审美形象来促使领悟，即所谓"以美启真"。教师要善于把抽象的"真"转化为具体可感的形象或生动的模型，使学生直观地认识到真。

三、美育对体育的渗透和辅助

体育的目的是为了增强受教者的体质，提高体力技能。体育中的审美因素不但有利于达到体育的目的，而且与现代体育运动的发展趋势是一致的——现代竞技的审美走向日趋鲜明。美育向体育的渗透，表现在两个方面：其一，强壮的体质，常通过健美的形式表现出来。诸如匀称的肌肉、灵活的动作、较好的协调能力都是符合美的原则的。体育常常是按照美的标准，主要是人体美的标准来进行的；而凡是符合美的规律的运动，都有助于身体的健康和体质的增强，有助于塑造美的人体。其二，对美的追求是体育运动的动力之一。面对运动着的有示范意义的健美形象，受教育者会产生一种非常强烈的情感体验，激起一种积极追随的冲动。因此，美育既渗透于体育，又有助于体育。

四、美育也渗透于劳育之中

劳动本身就具有诸多的审美因素：生产劳动作为发挥创造性力量的活动时，当然给人以美的感受，劳动成果肯定了人的本质力量，从这些成果中可直观自身的本质而获得审美愉悦；劳动过程中的劳动者的形象，是人体美的一种直接显现……施教者如能有意识地将审美原则引入并应用于劳育之中，无疑会使劳育达到最佳效果。例如：让受教者树立起正确的劳动态度，把劳动当作生命力的一种正向有序的发挥；学习和掌握劳动技巧，要运用于有审美意味的创造；

而劳动过程，则力求成为"庖丁解牛"那样的一种"进乎技矣"的操作活动。这样，劳动就成了一种实现美的理想的创造活动，从而带给人乐趣。其次，在劳动过程中，有意识地引导受教者去认识劳动材料的美的特性，使他们的劳动成果闪烁着更强烈的美的光彩，也能激起其劳动热情和劳动乐趣。

此外，美育对群育的渗透和辅成也是明显的。因为，群众和谐的活动秩序，令人愉快的交往气氛，个体的优雅举止和真诚而有分寸的待人态度等等，本身就具有审美因素。可以说，现代礼仪就是群体交往活动在形式上的审美需求的集中体现，群育的原则常常就是一种人际交往的审美规范。而且，审美情趣的培养，审美环境的建立，当然有助于群体的和谐，达到群育的目的。具有审美心胸的人，常常也能尊重他人的人格和价值，常常是既富有个性特征，又能用可被他人所理解和欢迎的方式与人交往。

第二节　对高品质美育课程实施的认知

教学活动中的美育，使学习对象变得亲切、生动，教学氛围呈现出创造性和活跃性，增强了教学内容的情感性、联系性和完整性，消除了教学过程中的焦虑感、倦怠感和压力感。

一、美育形式的多样性和活泼性

美育融入课堂教学活动可以有多样而活泼的形式：从口语到板书，从论证到举例，从提问到答疑，从仪态表现到氛围调节，从教学组织到教学示范，等等。而且，学校美育必须与时俱进，大胆变革教学方式，改革美化学习环境，充分利用电影、纪录片等影像资料和网络资源，自觉地把美学原理运用或迁移到教学过程中，营造教学氛围，教者充分地挖掘和利用教学内容中的美育资源，让学生在学习科学文化知识的同时受到美的熏陶与感染，在开发智力能力的同时提高美的人文素养，利用美的效应来提高教学效益。

二、美育效应的愉悦性和穿透性

教学活动中的美育，使学生在愉悦中学习，在轻松中接受；而且美育具有春风化雨般的穿透力，穿透教学活动中的各个阶段、各个层面，"润物细无声"，使学生在教学活动中获得的知识和经验内化为素养。理想的学校应是充满欢乐的学校，理想的教学应是愉快的"教"与"学"，"寓教于乐"。当代人推崇"快乐教学法"，英国教育家斯宾塞认为在教学中保持青年的欢乐本身就是一个有价值的目标。审美能使人愉快，这是不言而喻的，如康德认为美"对于愉快具有必然的关系"。审美愉悦不是平庸的快乐，它是人类对体现了人类最深沉的理性，又回响在人类情感的全域。因而，教学活动中的美育，使学习对象变得亲切、生动，教学氛围呈现出创造性和活跃性，增强了教学内容的情感性、联系性和完整性，消除了教学过程中的焦虑感、倦怠感和压力感。还应指出，在教学活动中，个体获得的审美愉悦，一方面向内扩散，形成个体的愉悦心境；另一方面向外扩散，通过各种外显行为向他人散射愉悦的信息，并交互感染，形成教学活动中整体的愉悦氛围和心境、一种愉悦的审美场。这种"场"反过来又使个体的精神活动更趋于集中，朝气蓬勃，催人向前、向上。总之，教学活动中的美育效应带来的愉悦，使学习主体成为教学世界中的旅游者、发现者、创造者，学习过程转化成一种丰富的精神享受。同时，由于美育能贯穿全部教学活动，因而学生的学习过程，同时也就是层次不等、性质有别的审美过程。而且，由于美育的效应是潜移默化地逐渐深入的，因而学生在学习过程中的审美感与道德感、理智感融为一体，理性活动、意志活动与情感活动同步进行，这就使学生学得的知识、经验、技能内化成素养、习惯，不知不觉养成一种审美心胸、审美人格，完满地体现教学目的。

我国美育的先驱者蔡元培先生说过："凡是学校所有的课程，都没有与美育无关的。"美育融入课堂教育是一个崭新的课题，是一项系统工程。不难看出，教者在挖掘教学内容中的美育资源和在教学过程中，运用美学原理的同时，自己也受到了美的鼓舞，获得了美的愉悦，将美育融入课堂教学中，有效开展各种美育教学，提高教学水平，实现美育的高质量发展，真正实现有质量的教育公平。此行是可操作的，此观点也是有价值的，美育之路从这里延伸。

参考书籍

师范学校教学用书《美学与美育》。

第二章

美育课程实施的渐变性过程

中国美学代表着中国的国粹，国家将美学列入了教育学科内，统称为"美育"课程。美育能够有效地提升人的综合素养，美育课程是教育内容的重要组成部分，培养全面发展的人才是教育面临的重大课题。高品质美育课程的实施，对开发教育对象的潜能和提升社会文明起着至关重要的作用。美育课程实施的渐变性过程主要表现为高品质美育课程的发源、发展、完善和依托等方面。

第一节　高品质美育课程实施的发源

人类自古以来就一直追求着"真、善、美"。要培养学生的情感、态度和价值观，就应该在教学中培养学生的审美能力。美育就是通过审美教育培养学生认识美、发现美、感受美、欣赏美、创造美的能力。

一、实施美育教育是教育事业的要求

美育课程是培养"四有"新人的重要举措。实施美育教育，是真正体现全面贯彻党的教育方针、积极推进素质教育、培养"四有"新人的重要举措。美育教育是素质教育的重要内容，是对学生进行素质教育的重点步骤。国家教育方针已经明确指出，美育教育在我国的教育事业中占据着有力的地位。美育教育不仅仅是陶冶学生的情操、提高学生的审美，对学生的智力开发也起着很大的作用。各个学校必须要开展丰富的课外文化活动，增强学生对美的体验，培养学生对美的欣赏。当下学校的教育理念都是朝着"德、智、体、美、劳"的方向发展，各级各地区的教育部门都要求学校必须重视学生综合素质的培养，促进青少年的健康成长，加强中小学的美育课程开展。

二、实施美育教育是开发学生智力的重要手段

美育是开发学生智力的重要手段，是造就人才的原动力，同时也是强化德育工作的有力手段。《中共中央、国务院关于深化教育改革全面推进素质教育的决定》指出："美育不仅能够陶冶情操、提高素养，而且有利于开发智力。对于促进学生的全面发展具有不可替代的作用。"心理学研究表明，人的大脑分为左半球和右半球，它们各司其职。一部分管理运动，另一部分管理思维活动。美育既需要学生运用思维活动感受美，同时还需要学生运用肢体语言感受美并创造美。智力是智慧和能力的综合体现，主要包括感受力、观察力、记忆力、想象力、思维力、创造力等。而以思维力和创造力为核心的美育过程，同样渗透于发展和提高各种认知力、形成完整的智力结构的过程之中。美育对开发学生智力有不可低估的作用。

三、实施美育教育课程是改革的要求

美影响着一个人的气质，性格、心理、理念以及人的灵魂。美育教育在中小学教育中的开展十分重要，很多有名人士也认为美育应当受到重视。我国的教育事业本身存在着一些问题，传统教育理念还畅行于现代教育中。学校应该将教育体系进行改革，重视学生德智体美劳的全面发展，培养综合性人才，而不是只会死读书的人。当下社会，只有自身的文化知识、个人素养过硬才能够有很好的发展，学校应该结合实际情况对学生进行全面的培养，将我国的教育改革落实到位。2001年7月，随着新一轮的课程改革后，将音乐、美术列入了标准学科范围内。2011年对标准学科教材进行了修订，很多学科对美育做出了明确的规定，例如；通过音乐、美术、艺术等学科，借助欣赏、表达等方式，增加学生的日常审美，提高学生的审美能力，培养学生的思想道德修养、审美品位，使学生在美的世界里受到感染。

四、实施美育教育课程是社会文明进步的要求

实施美育教育课程不仅是迎接改革开放的措施之一，也是社会文明进步的必然要求。随着改革开放的不断深入，知识经济全球化进程日益加快，许多西方文明源源涌入，国人与外国友人的接触日渐增多。如果我们不提高思想意识、文化修养和审美水平，与他们的交往就必然会格格不入。近年来，我国经济正

在快速发展，物质文明的程度得到了很大提升。然而，在提高物质文明的同时，我们不能忽视精神文明。美育可以提高人的文明程度，审美教育在社会发展和社会文明的进步中也愈来愈凸现其重要作用。学生审美情趣的提高，也就是社会未来公民审美情趣的提高，这必然带动整个社会审美情趣的提升。从这一点来说，将美育融入学校教育，对民族、国家和社会的文明进步都具有重要意义。要提高全民族的素质，就必须从学校抓起，从学生抓起。

五、实施美育教育是全面发展的必要

人的全面发展是社会主义最本质、最基本的内涵，是社会发展的最高价值追求和崇高目标，而美是纯洁道德、丰富精神的重要源泉。全面发展最基本的理解就是将人的能力作为核心，核心内容主要包括道德、审美判断等，进行全面性的发展，是当下社会的价值取向。审美判断能力是体现一个人在社会文化中的发展，审美判断具有两个特点：一个是功利性，一个是超功利性。在经济极速发展的今天，物质生活的快速改善使得精神生活被远远地抛在身后。过于注重外在的经济生活，导致了人的内在心灵旨趣的丧失；无限制地追求金钱和物质，忘记了人生的本来目的；而这些也只有通过美育才可得以治愈，因为审美活动既可以培养人的敏感力、直觉力、丰富的想象力和创造力，也可以锻炼人的悟性和理性，从而使人的性情和智力全面发展。这种全面发展，不仅有利于人的科学创造，且使人富有趣味和情调，从而造就丰满的完整的人性。正所谓"入世之教，不可废美育，顺人所习，畅适其生，道在斯也"。

教育的精髓是启迪智慧，培养创新精神。美国诗人惠特曼说过：智慧是从灵魂中引发出来的。智慧是知识、修养、经验与情感的有机结合，已成为人的一种素质。在现代社会中，一个人不管干哪一行，如果不懂得美学和审美，就不可能真正做好工作，成为优秀人才。事实也表明，真正有名望的大学者，他们的成功和他们所受到的良好美育是分不开的。1978 年度诺贝尔奖获得者、美国哈佛大学教授格拉索在回答"如何才能造就好的科学家"的问题时说过："往往许多物理问题的解决并不在物理范围之内，涉及多方面的学问可以提供广阔的思路，如多看看小说，有空去看看动物园也有好处，可以帮助提高想象力……"

美育的社会功能在于全面培养人，它是从塑造美的心灵着手，使个体成为一种立体。因此，美育着眼的是整个的人，是人的身心的健全发展。所以，美育能从更高的角度体现人的本质要求和理想。

对于学校来说，没有美育，就不可能有教育的全面发展。我们要落实立德树人这个根本任务，建设"美好教育"，培养德智体美劳全面发展的社会主义建设者和接班人，必须要充分发挥美育独特的优势与不可替代的作用。

学校教育应认真落实美育课程的开展，通过美育课程来实现健体、养德、修身等方面的塑造。美育课程既可以培养学生的学识智力，又可以塑造人格，把人的生命质量和人生境界提高一个台阶。对学生的教育不仅仅是知识的教育，还要注重学生身心健康、综合素质等方面的教育，致力培养全能型的人才。学校应该健全美育工作教育相关的机制，将美育教育贯穿整个教育事业中，落实美育教育工作。

第二节　高品质美育课程实施的发展

实际上，我们中国从遥远的周朝"六艺"起，就要求学生要掌握包括礼、乐、射、御、书、数六种基本才能。古代"乐"的地位非常高，它的教化作用得到了公开的认可，就类似于我们今天的"美育"，孔子那句名言"兴于诗，立于礼，成于乐"，即是把"乐教"抬到了与礼仪、文学教育一样高的地位。可以说，在古代，音乐就是一门主科。1912 年，蔡元培任教育总长后，在主持颁布的《教育宗旨令》中明确规定："兹定教育宗旨，特公布之，此令。注重道德教育，以实利教育、军国民教育辅之，更以美感教育完成其道德。""教育宗旨"即今日之教育纲领、方针、育人目标，《教育宗旨令》可视为民国教育的第一个纲领性文件。美育与德智体诸育并重的地位、认识，从此确定下来。蔡元培之"以美育代宗教说"反映了他对美育的认识——美育有神圣感。

一、国家高度重视，出台专项文件，为美育工作指明方向

进入 20 世纪 80 年代后，国家对美育日益重视。20 世纪 80 年代，学界又掀起了一次美学大讨论，美育的问题再次成为焦点之一，此后，《中国教育改革和发展纲要》（1993 年）、《中共中央、国务院关于深化教育改革全面推进素质教育的决定》（1999 年）等文件均有提及。进入 21 世纪，美育更受重视：2014 年 1 月 10 日，教育部发布《关于推进学校艺术教育发展的若干意见》。

2015 年 9 月 15 日，国务院办公厅印发《关于全面加强和改进学校美育工作的意见》，专项文件出台意味着国家层面对美育的高度重视。

2018 年 4 月 23 日，教育部召开全国美育工作会议。由教育部以美育为会议主题召开全国性的工作会议，尚属首次。

2018 年 8 月 30 日，习近平总书记在给中央美术学院几位教授的回信中说："你们提出加强美育工作，很有必要。做好美育工作，要坚持立德树人，扎根

时代生活，遵循美育特点，弘扬中华美育精神，让祖国青年一代身心都健康成长。"这表明，党和国家最高领导人对美育的重视。随后在全国各地进一步唱响了立德树人的"主旋律"，鸣响了改革发展的"主题曲"，奏响了协同育人的"交响乐"，吹响了改善条件的"集结号"。

随后，习近平总书记关于美育教育进行了一系列重要讲话，在全国教育大会上，习近平总书记指出"教育引导学生培育和践行社会主义核心价值观，踏踏实实修好品德""坚持以美育人、以文化人，提高学生审美和人文素养"等论述，已经为我们做好美育工作指明了方向。从国家的层面讲，这样的要求很具体很到位，剩下的就是我们如何落实的问题，唯有充分结合本地实际，制定行之有效的措施，才能收到良好的效果。做好美育工作，必须始终沿着正确方向，从中找立场、找观点、找方法，付诸实践行动，这样才能实现以美育人、以文化人的最终目的。

二、美育贯穿学校教育各学段，培养德智体美劳全面发展的社会主义建设者和接班人

2020 年 10 月，中共中央办公厅、国务院办公厅印发了《关于全面加强和改进新时代学校美育工作的意见》。《意见》中写道：以提高学生审美和人文素养为目标，弘扬中华美育精神，以美育人、以美化人、以美培元，把美育纳入各级各类学校人才培养全过程，贯穿学校教育各学段，培养德智体美劳全面发展的社会主义建设者和接班人。这将美育工作放在了社会主义建设者和接班人培养的重要位置。在人才培养体系中，教师具有不可替代的作用。做老师要执着于教书育人，有热爱教育的定力、淡泊名利的坚守，充分认识到自身未来所担负的教育使命和责任，增强职业认同感。

而在之后的教育部新闻发布会上，教育部体育卫生与艺术教育司司长王登峰也指出：将艺术类科目纳入中考改革试点，纳入高中阶段学校考试招生录取计分科目，依据课程标准确定考试内容。这立即在家长中溅起了水花，以后每个孩子都要学艺术吗？会变成应试教育吗？标准又是什么？其实《意见》中有对美育的定义："美育是审美教育、情操教育、心灵教育，也是培养丰富想象力和创新意识的教育，能提升审美素养、陶冶情操、温润心灵、激发创新创造活力。"这么看来，似乎不仅是美术课那么简单，这是关乎培养孩子的整体素养。

这进一步引起学校、教师、学生、家长对美育教育的重视，家庭美育、学校美育和社会美育是做好美育工作的三大支柱。做好美育工作，必须切实做好家长工作，与家长沟通、与家长合作，共同携手推动美育工作发展。

而学校教育作为立德树人的重要载体，坚持弘扬社会主义核心价值观，强化中华优秀传统文化、革命文化、社会主义先进文化教育，引领学生树立正确的历史观、民族观、国家观，陶冶高尚情操，塑造美好心灵，增强文化自信。

作为教育工作者要坚持德智体美劳五育并举，始终坚持以习近平新时代中国特色社会主义思想为指导，认真贯彻全国教育大会精神，全面落实习近平总书记关于学校美育"纯洁道德、丰富精神"的新价值、"提高学生审美和人文素养"的新目标，紧密结合解放思想大讨论和"不忘初心、牢记使命"主题教育，进一步提高对学校美育地位、功能、价值的认识，推动学校美育工作观念的大转变。围绕培养知性健全、德性完善、悟性充足、志性强健的目标任务，切实把社会主义核心价值观贯穿于教育教学的方方面面，贯穿于育人的全过程、各环节，努力让理想信念、爱国主义、奋斗精神和创新意识植根于每个孩子的灵魂深处，真正做到美育生活化、生活美育化和教育审美化、审美教育化。

三、形成全覆盖、多样化、高质量的具有中国特色的现代化学校美育体系

《关于全面加强和改进新时代学校美育工作的意见》中指出，美育的主要目标是：到 2022 年，学校美育取得突破性进展，美育课程全面开齐开足；到 2035 年，基本形成全覆盖、多样化、高质量的具有中国特色的现代化学校美育体系。

随着技术的快速发展，有人预测未来 20 年 AI 智能将代替 47% 的工作，我们已经可以预见未来的竞争会越来越激烈，真正的竞争力，是让孩子胜任不同的、未知的创造性工作的能力。艺术是培养这种创造力的途径，同时也是均衡一个人的思维模式，能帮助融合获得的知识和信息。为什么许多国家如今提倡在已经流行多年的"STEM"教育中加入艺术，变成"STEAM"，就是因为人们发现如果不引入艺术，学生思维将有严重的局限性。我们知道乔布斯创立了苹果，推动了互联网时代的发展。而苹果产品的品牌形象、产品设计也一直是人们津津乐道的话题，许多手机厂商多多少少参考、借鉴过苹果的设计。仔细观察，你会发现它的成功绝对离不开乔布斯的艺术素养。乔布斯本人对产品的"美"有着挑剔的追求，对产品设计的每一个细节都投入百分百的执着。有一

个关于他的故事一直流传着，在设计 Apple II 电脑时，为了定下这款电脑的外壳颜色，乔布斯挑选了近 2000 种颜色，都没有找到令他满意的，使得团队不得不自己调配颜色，最终才定下一款独属苹果的米黄色。就连电脑外壳的线条、弧度设计，乔布斯都带领着团队一点一点去琢磨和推敲。

艺术素养看似无用，却是一个人的内在底色，细腻地影响着人的判断、思考和行动，发展一个人的内在本能，为我们提供与众不同的创造力。

在美育教育被提上必修日程的今天，我们应鼓励孩子接受艺术教育，增强美育熏陶，去培养审美力，开发创造力，不被固化的知识所限制。实施学校美育提升行动，美育课程全面开齐开足，严格落实音乐、美术、书法等课程，结合地方文化设立艺术特色课程。广泛开展校园艺术活动，帮助每位学生学会一至二项艺术技能，会唱主旋律歌曲。引导学生了解世界优秀艺术，增强文化理解。鼓励学校组建特色艺术团队，办好中小学生艺术展演，推进中华优秀传统文化艺术，传承学校建设。支持艺术院校在中小学建立对口支援基地。作为美育工作者也要不断完善课程和教学体系，包括完善课程设置、加强教学体系建设。争取到 2035 年，基本形成全覆盖、多样化、高质量的具有中国特色的现代化学校美育体系。

第三节　高品质美育课程实施的完善

学校对美育教育要高度重视，将国家教育部制定的教育方针落到实处，逐步形成新的教育局面。

一、构建美育格局，研发美育教材

落实美育在教育事业中的位置，完善美育同德育、体育、美术、艺术之间的协调。组织美育领域的专家进行美育教材的编写。制定符合国家标准的美育教材，教师在进行美育教学的时候需要将学科同实际生活相结合，让学生能够更好将审美运用到生活中。学校对美育教育要高度重视，将教育部制定的教育方针落到实处，逐步形成新的教育局面。编写教材要坚持马克思主义指导地位，扎根中国、融通中外，体现国家和民族基本价值观，格调高雅，凸显中华美育精神，充分体现思想性、民族性、创新性、实践性。美育领域的专家在进行教材编写的时候，既要重视教材的各类设计，更要重视教材内容的撰写。根据不同阶段的学生撰写不同程度的美育知识，例如：对低年级的小学生就要培养学生认识美，发现美、创造美、欣赏美的能力，着重培养学生的审美观。高年级的学生比如初中，就可以借助一些艺术品、画展培养学生的艺术鉴赏能力。而学校负责人也应鼓励教师进行创造性劳动，自编适合本学校美育发展的校本美育课程教材，编写过程中要遵循国家美育大纲，符合国家美育课程标准。

二、 凸显支撑作用，发挥导向引领

各地区教育部门需要根据当地学校的师资情况，配备相应的美育专业的人才，一是将美育专任教师纳入教师配置中，中小学必须按标准配置美育专任师资；二是师范院校加强美育专任教师的培养，加强对学科师范生的美育教育，提升未来教师的审美素养。

学校还要定期组织美育学科研究，营造良好的美育科研氛围，根据具体的实施情况，制定符合实际的教学计划。教育部门、学校、教师应该将美育教育进行分化，开展理论教育和实践探索教育。制定美育教育的考核评价标准，将考核标准作为美育课程的验收标准。

三、加强业务培训，培养美育人才

为了能够更好地发展美育教育，就必须扩大师资队伍。要培养学生美育，就必须有优秀的教师。一方面，学校为了节省不必要的成本，可以在现有的教师中抽取一部分进行美育方面的培训，利用空余时间学习美育知识，扩大本校美育师资团队；另一方面，提高入职教师的自身素养，转变教育理念。师范学校应该加强对师范生的美学知识和技能水平培养，增强师范生的美育素养，培养全能型人才。如此一来，师范生毕业之后走上教师岗位，面对学生既能够进行文化知识的教育，又可以进行美育课程的教学。高起点、高素养的教师队伍，会进一步加快实施高品质美育课程的进程。

四、营造美育氛围，创设美育环境

地域教育部门应该制定一套中小学美育教育的实施体系，针对中小学美育教育的现状进行科学的指导，探索出具有地域特色的中小学美育教育模式。由于当下是个信息技术发达的时代，可以通过媒体等途径来进行中小学美育教育的宣传，一来可以改变社会广大群众对美育的错误认知；二来可以更好地将美育教育深入人心。如果美育课程的开展取得了社会的支持和家长的理解，其发展道路肯定更加通畅无阻。政府还应该搭建美育教育交流平台，让社会各界都加入到美育教育的事业中。例如：可以创建美育教育微博、微信公众号、博客、贴吧等。学校是实施美育教育的重要场所，因此，在学校建设上要将校园环境的潜在美渗透出来，营造良好的关于美的涵养。

五、完善课程目标体系，丰富学生审美体验

实现学校教育目的的核心途径是课程，美育不进入课程目标和课程内容，

实施起来就很困难。学校几乎所有的课程都关涉美育，都可以引发学生的审美体验，陶冶学生情操，但大多数科目和课程的主要教学目标都不是美育，在课程目标定位和表述上美育目标一般不单独列出，这往往也是美育在素质教育课程体系中容易被遗忘的原因之一。一方面，美育内涵不统一导致制订美育目标难度相当大，美育实施的路向出现差异；另一方面，美育目标如何确定也有待商榷。较为一致的观点是，美育目标存在阶段性和区分性。

所谓阶段性，指在学前教育、初等教育、中等教育几个不同教育阶段，制订美育目标和选择美育内容要体现学生不同发展阶段的不同特点，形成一个循序渐进、环环紧扣的美育实施体系，防止只重智育、德育的错误做法。

所谓区分性，指学生在不同发展阶段的美育目标和美育内容要有所区分，区分美育的主要目标和美育的同时目标。美育的主要目标包括审美欣赏能力、审美表现能力和审美创造能力三个方面，这三个方面再细分为学前教育阶段美育目标、义务教育阶段美育目标、高中教育阶段目标、职业教育阶段目标、高等教育阶段目标来体现美育目标定位的阶段性。学前教育阶段培养幼儿拥有美好、善良心灵和懂得珍惜美好事物；义务教育阶段注重激发学生艺术兴趣和创新意识，培养学生健康向上的审美趣味、审美格调，帮助学生掌握一至二项艺术特长；高中阶段丰富审美体验，开阔人文视野，引导学生树立正确的审美观、文化观；职业教育强化艺术实践，培养具有审美修养的高素质技术技能人才；高等教育阶段强化学生文化主题意识，培养具有崇高审美追求、高尚人格修养的高素质人才。

美育的同时目标指达到主要目标时，同时也自然达到的另外一些目标，这些目标包括德育、智育、体育和劳动教育中体现的美育目标。制订课程目标要考虑课程内容的属性，由于美育的课程内容并不仅仅属于某一学科，而是涵盖多个学科，这就容易导致美育目标无法落实。因此，应从美育的内涵出发，厘清美育目标。

先说作为美学知识教育的目标。基础教育的目标是培养社会主义公民，心灵美、行为美是良好公民素质的重要体现，这决定了基础教育主要任务不是系统地学习美学知识，而是培养美感，为学生的心灵成长打基础，在某种意义上美育是德育的辅助手段。这一阶段的美育不应太强调美育认知领域中的"知识目标"，而应重视美育的"理解""感受"目标和情感领域的"接受""反应""价值化""价值观组织""品格形成"几个阶段的目标。到了中等职业教育或高等教育的专业阶段，要区分专业，可考虑设定美育课程目标，在这个阶段重点学习美学理论知识。

再说作为审美教育、美感教育的目标。苏霍姆林斯基说："美育的重要任务，就是教会儿童从周围世界的美和人的关系的美中看出精神的高尚、善良和诚恳，并在此基础上在自己身上确立这种美。"审美是具有高度个性化特质的一种心理活动。苏霍姆林斯基认为，美育就是要通过审美活动，形成学生的高尚人格。作为审美教育的美育目标，实质是美在教育过程中的表象化、实践化到心理化的过程，设计教学目标时，要重视把美育目标纳入到课程目标中，在教学设计时，重点看课时教学目标是否考虑到审美目标的落实。此外，还应把美育目标的过程性原则放在首位，让学科美育目标通过学生的审美感受、审美体验和审美评价来获得，学校评价指标体系重点要完善检验美的价值观和能力领域的指标。"当教师善于把每一事物、每一概念的实质中能引起审美评价的那一方面指给学生时，美育才可能实现。"

再说作为性情教育、情感教育的美育目标。情商（性情指数）决定了人适应社会的程度。在学校教育中，陶冶和熏陶是性情教育的重要手段，实践和锻炼是性情意志培养的关键步骤。作为性情教育的美育目标设计应突出学校文化美的主题，将学校的自然环境美、人文历史环境美、人际关系美、班级活动美、个人修美的教育有机地融入性情教育，学校文化美的整体化设计有利于陶冶师生的性情，帮助学生形成坚强的意志和美的品格。

设计美育目标，要重点考虑学生的审美动机、审美意识、审美感受、审美判断和审美体验，充分将行为性目标、表现性目标落实为学生的审美表现和审美行为，重视学生的心理感受和情感体验，让学生在不同学科、不同活动中获得多种情绪的宣泄和表露，陶冶师生美的性情。

落实美育目标，要重点培养学生爱国家、爱家乡、爱学校、爱家庭的情感，通过建构学校美育实践活动让学生在"美的角落和美的时刻"产生美的感情，培养学生温文尔雅的性情；通过劳动教育让学生创造美，培养独立自主的个性、乐观开朗的性格和团结合作的团队精神，提高学生的耐挫能力。

最后说作为中华民族文化传承的美育目标。统一民族形成的标志是这一民族具有区别于其他民族的独特文化心理结构，这种心理结构包括：民族文化传统和文化精神、文化制度和机制、审美意识、家居服饰、饮食文化等等。在目标设计时，既要考虑我国民族文化的统一性，也要考虑民族文化的差异性和地域性。特别是文史类课程，揭示中华文化的审美情趣和审美心理特征是落实文化传承的首要目标。在落实目标时，要让学生感受中华文化美，学会运用中华文化中美的表现形式去创造美。

六、整体架构美育课程体系，实现课程育人

学校课程是学校教育理念的体现，学校课程以育人为导向，整体架构课程体系。艺术教育课程，在系统分析的基础上，依据课程理论和当代主要课程类型，建立学校美育课程体系——学科类课程、活动类课程和综合类课程。在课程设计上，体现模块化、阶梯形和可选择的特点，并通过课程育人，将社会主义核心价值观教育贯穿其中。

学科类课程校本化、多元化、常态化。鉴于学生需求的多样化，按照模块化的思路，努力使艺术教育课程建设形成国家课程校本化、拓展型课程多元化、探究型课程常态化。艺术类基础型课程，融入"两纲"教育，艺术类拓展型、探究型课程形成艺术教育特色，例如：学校可以开设戏曲进校园课程、名家艺术欣赏课等。而其他学科课程，德艺有机融合。

活动类课程有规划、有体验、有实效。学校主题活动课程有序、有机、全方位。学校建立横纵向坐标，进行总体规划，让主题活动全覆盖。如学校按照月份列出横坐标，9月教师节感恩活动，10月爱国诗歌朗诵会，11月书香校园读书活动，12月新年音乐会等；按照年级建立纵坐标，初一新生入校典礼，初二学生五四青年活动，初三学生毕业宣誓活动等。实践活动课程以艺术回馈社会。学校利用各种场馆资源，组织各类参观活动，通过学生参观、学习，让学生欣赏不同的艺术类型，实施高品质美育教育。

综合类课程多渠道、分层次、重人文。如在各种社团课程中，拓宽视野，增长才干，在环境课程中受到润物无声的教育等。

七、运用美育评价体系，指导学校美育课程实施

当前，我国基础教育的学校评价"以规范和约束学校办学行为为主要目的，以鉴定和验证学校是否达到既定标准作为评价的主要功能，以自上而下的督导评价为主要手段"。"既定标准"以目标评价为导向，重视考量办学条件为基础的学校办学效能，没有把"美育"作为重要的考量指标。钟启泉教授指出，

学校评价指"整体把握学校活动，揭示学校的成果和课题"，目的在于确立学校的基准、等级、特色，诊断和改善学校。个别化、特殊性的评价基准包括：学校教育活动的重点课题的评价（学校特色的创造）；各学校面临的教育课题的评价（问题的明确与分析）。学校的教育实践是支撑每个学生发展的一种文化，学校评价的实施应该作为创造"特色学校"的起点。美育评价应该选择走特色评价的路径，采用美育专项评估来评价学校是否实现"美育增值"（绝对增值或相对增值）；美育专项评估可判断学校实施美育行动后的效果，这不失为改善美育实践薄弱状况的一种管理办法。美育专项评估实质就是"建立评价教育活动的第三标准，即确认审美尺度对教育生活的意义"。第三标准就是求善与求真的统一，渴望审美和立美活动渗透到生活的各个领域。概而言之，学校美育评价指标体系要落实在学校教育环境、学校文化建设、师生精神面貌、课程设置、课程目标等方面，也要落实在各学科（或科目）课程中的美育指标体系中。总之，美育是当前学校全面推行素质教育的一个非常重要而且不可或缺的维度，但美育在基础教育中的地位依然不高，其价值和作用并没有得到应有的彰显，学校课程美育实施的路径和策略还很粗浅。因此，只有深化美育的理论研究，探究清楚课程实施美育的基本原理，找到课程美育的行动逻辑，才能落实不同阶段课程中的美育目标，建构起系列化的美育课程内容，才能积极引导学生尽可能地获得全面发展。只有这样，学校教育方针中的德、智、体、美、劳几个方面的发展才能真正得到落实。

第四节　高品质美育课程实施的依托

通过开发校本美育课程、培训教师等方面实施高品质美育。

一、开发校本美育课程，实施高品质美育教育

课程作为学校教育的重要载体，是学校为实现培养目标而选择的教育内容及其进程的总和，涵盖各学科有目的、有计划的教育活动。课程是美育的重要载体，将高品质美育的目标渗透在课程之中，尤其是渗透在校本课程开发与实施当中，必将对学生的未来发展奠定丰厚的基础，为学生的生命底色描上浓墨重彩的一笔。美育校本课程开发既是依据学校自身资源，满足本校所有学生学习需求的一切形式的持续而动态的课程开发活动，"又是以国家课程、地方课程的校本转化和校本课程开发为主要内容而进行的学校整体课程开发策略"。

美育校本课程强调以学校自身条件为本，通过学校内部的组织运行、重组与转化，以全面提高学生的综合素养为目标，最终落实到学生发展的动态性过程，其实质是课程的校本化。"'校本化'是学校内部基于学校校情、教师教情以及学生学情的立场对国家课程和地方课程所做的教育教学之转化、消化，更强调其适用性和特殊性，而不是传统意义上的课程执行与授受的统一性和普适性"。课程校本化是美育校本课程开发与发展的必要尝试，是学校在课程自主权和教师专业发展下的必要探索，同时也可作为未来基础教育改革方向的准备。

1. 美育校本课程开发在学校发展中的意义

"校本美育课程开发"是在执行好国家课程、地方课程的基础上，以国家的课程纲要为指导，以学生多元发展为目标，结合校内可利用的资源，以教师和学生为主体的课程开发活动。成功的校本课程开发应该是学校特色、教师特

色和学生特色的展现。先以学校特色来进行课程开发——先有特色而后有校本课程，校本课程开发实施过程中，更加促使学校特色鲜明化、独特化。"基于学校，又发展于学校，更促进学校特色化发展"。

"完善美育课程体系"中对美育校本课程开发提出了指导性意见："积极开发地方美育课程资源。鼓励各级各类学校加强校本美育课程建设……要以戏剧、戏曲、书法、篆刻、剪纸等中华优秀传统文化艺术为重点，形成本地本校美育特色和传统。"开展美育教育、开发学校美育校本课程势在必行。

"校本课程开发能够提升学校教育品质、转变教师传统角色、开发适合学生需要的课程及相关课程资源。"美育校本课程开发的根本目的是开发学生的学习潜能，培养学生的综合审美能力，促进学生艺术核心素养的形成，实现学生审美的情感塑造和精神人格的构建。而且美育校本课程的开发，能够促进美育教师在行动研究中整体提升专业水平，构建具有生命力和审美力的课程与课堂，促进学校文化特色的发展与提升。由此可见，美育校本课程开发意义重大。

2. 基于学校特色的美育校本课程开发资源评估

"校本课程开发关注的是学校自己的特点、教师和学生的需要及个性发展。"美育校本课程是一所学校的办学理念和校园文化特色的体现，根本目标是促进学生艺术的知识技能、审美情趣与价值观的发展，其课程资源的开发与利用应与学校的发展目标相一致，使之成为学校办学理念、校园文化特色的重要载体，成为教师专业成长、学生全面发展的重要途径。在课程资源的选取上，需要从以下几个方面进行评估与选择。

第一，符合学校办学理念，促进学校美育特色的形成。美育校本课程的开发与利用要与学校的发展目标相适应，开发者要明确学校的办学理念和教育思想，思考学校的文化特色和发展方向，分析美育教育的有利因素与课程资源，充分利用学校的相关资源，使之成为学校的办学理念和特色的重要载体和实现方式。如一些课题校为陶行知实验学校，便以"学陶"作为校园文化特色，将"生活教育"渗透于教育教学工作中。该校在美育校本课程开发方向的确定上，以实践美、创造美为宗旨，围绕"陶"字开发《快乐陶笛》音乐校本课程，陶笛作为学具进入音乐课堂，学生学习陶笛演奏技巧及表演形式等技能，了解陶笛的历史及相关文化；围绕"生活教育"主题开发《快乐纸艺》美术校本课程，以生活中随处可得的纸张为创作原材料，通过撕、折、卷、贴等多种手法，创作出立体折纸、撕贴画、纸盘画、衍纸等美术作品，让学生在动手操作中掌握构图、色彩、剪裁等技能，发展审美能力和美术创作能力。学校的校园文化活动也以陶笛、纸艺的展示作为特色，通过课堂普及、社团提升、活动展示，使美育校本课程成为办学特色的外显形式。

第二，符合师资业务能力，促进教师综合素养的提升。校本课程开发与教师专业发展紧密联系，真正持久的课程变革必须依靠实践者的积极参与，没有教师发展就没有校本化的课程开发。而教师发展同时又是学校发展、学生发展的强有力保证。教师是美育校本课程的开发者、执行者与重要人力资源，应当鼓励美育教师根据自身专长开发校本课程，并建构自己的课程框架体系。首先，应了解教师的艺术特长，挖掘其艺术教育的能力，增强其对美育校本课程开发与利用的兴趣与信心。如各课题校鼓励教师根据自身的专业能力，开发古筝、合唱、纸艺等校本课程，并通过艺术课堂教学、学生社团课程、校园文化活动进行普及。通过互教互学，原本只有个别教师掌握的技能，成为学科组教师共同的专业技能。其次，美育校本课程开发是一个动态的建设过程，教师是以研究者的身份来从事开发、教学等工作。教师通过开展学生美育情况调查、评估校内外美育资源、搭建美育课程体系框架、编写校本课程教材、建立评价体系以及实施课程等教育研究过程，对课程产生了具有深度和广度的思考，并不断更新教育理念，锻炼了教科研能力，培养了课程创新意识，综合素养得到提高。教师的课程意识和专业素质也能够不断提高、优化，体验到职业的尊严与快乐，从而自主自发地发展自我，这是校本课程开发的重要目标。

第三，符合学生成长需求，促进学生审美能力的发展。"学生喜欢，有所选择"应该作为校本课程开发最基本的内涵之一。美育校本课程的实施对象是学生，其目的是培养学生的艺术素养和审美情趣，因此课程的开发应当以学生审美能力的长远发展作为最终目标。一是学生在美育发展方面有什么需要；二是学生对哪些艺术形式感兴趣；三是什么样的美育课程形式是学生喜爱的。基于"以生为本"理念的课程开发思考，能够使学生的艺术特长得到培养，促进学生审美能力的充分发展。如有的课题校在课程资源选取中，根据课题实验问卷调查反馈的信息，将学生喜爱的说唱艺术与传统的快板相结合，开发《现代快板》校本课程，集说唱、快板、表演于一体；有的针对低年级学生喜爱游戏的特点，从"学生需要玩"的视角出发，开发《音乐游戏》校本课程，将其融入音乐课堂教学中；还有的根据课题实施前的情境评估和校内外资源调查，开发了集音乐、体育、表演等相结合的校本课程。这样的美育校本课程符合学校的人才培养目标，也尊重和满足了学生的差异性特点和多样化需求，促进了学生的审美发展。

3. 高品质美育校本课程开发的基本过程

校本课程的开发是一项持续的专业化活动，它需要民主科学的课程决策。

第一，设计总体目标，形成框架结构。美育校本课程的开发，首先，需要学校决策层以学校办学理念和特色文化为基础拟定总体目标，即开设的美育校本课程与学校的价值观、发展观和长远目标相吻合，对学生的特色发展和教师的能力提升起到积极的作用；其次，课程开发的组织者要根据学校实际，分析美育师资能力、学生美育需求、区域美育资源等，进行科学规划，形成总体设计，对校本美育课程做出准确的价值定位；再次，从师资、设备、资源等实际情况出发，搭建课程框架，设计内容体系及课程主题等。在此基础上制定《美育校本课程开发指南》，以《指南》为纲领，规范与指导教师美育校本课程的开发行为，促进学校的特色发展。

第二，架构推进梯度，明确实施目标。在总体框架建构完成后，还需要明确推进的梯度以及各个梯度的实施目标。首先，要根据美育校本课程的总目标对教师进行培训，使学校上下达成对美育校本课程开发与实施的共识，挖掘教师美育素养潜力，使之发挥重要作用；其次，由美育教师根据课程指南、学生实际情况拟定《课程纲要》，《课程纲要》需包括课程性质或类型、课程目标、课程资源、课程内容与活动安排、课程实施与评价说明等内容。课程纲要在校本课程开发与实施中具有重要作用，既是教师实施校本课程的指导性文件，也是学校对教师实施校本课程的评价指标。

第三，形成自编教材，课堂教学落实。教材是校本课程中的重要因素，一本优秀的校本教材，能够使教师明确课程的教学目标、内容规划、活动设计、实施要点、评价依据等，使校本课程的实施得到保障。自编美育校本教材需注意循序渐进、分层实施、艺术技能与文化审美相结合等原则。循序渐进原则。学生艺术素养的提升是一个循序渐进、整体提高的过程，需要根据年龄特点、学习能力以及艺术学科内在的知识体系、技能发展的规律，统筹规划设置与其相对应的教材体系，切忌出现一本教材通用六年的现象。分层实施原则。不同年龄段的学生，其能力发展不同。低年级学生好奇心强，专注力较弱，课程应以体验感知、兴趣培养为目标；中年级学生思维活跃，动手能力较强，课程应以夯实基础、促进发展为目标；高年级学生富有主见，想象力、表现力较为丰富，课程应以个性彰显、能力拓展为目标。教材依据学生能力发展分层设计与实施，能够呈现出美育校本课程的多元化和多样性。知识技能与文化相结合原则。美育校本课程选择的知识技能要有利于学生的终身发展，但美育的基本目标是情感体验，是通过对艺术文化的学习与传承来发展学生的审美能力。因此在教材资源的选取上，除了自身与技能外，还应当选择适应学校、学生的艺术文化优质资源，拓展学生的审美认知，凸显美育校本课程的育人功能。

第四，建立评价机制，促进良性发展。美育校本课程的开发具有持续性、创新性和过程性的特点，科学的评价机制是促进美育校本课程不断完善、进入良性发展的驱动力。评价机制需要关注过程与结果：一是对校本课程本身的评价，如课程开发的理念是否与学校办学理念相呼应，体现学校的办学特色；是否符合学生美育发展的需求，体现学生的审美要求；是否促进美育教师的专业化、科研化发展。二是对教师教学行为的评价，如教师是否积极主动地参与美育校本课程的开发与实施，在实践中是否发挥个人的艺术专长与教育智慧，在参与课程开发中是否发展了专业能力、形成美育的科研成果等。进一步完善教师个人的考核评价体系，通过学生参与情况、成果展示、问卷调查等方面进行评价，每月进行总结，对任务落实中有困难的教师给予帮助。三是对学生审美发展的评价，如美育校本课程是否得到学生的喜爱，学生通过校本课程的学习，艺术特长是否得到培养与发展，审美能力是否得到提高，对美育的需求是否得到满足等。基于学校办学特色进行科学规划、逐步推进、合理评价，可以使美育校本课程的开发者、管理者及时发现问题，并在开发与实施过程中寻求有效办法，使课程更好地切合学校实际，在提升美育校本课程开发价值的同时，真正促进学生个性发展、教师专业发展和学校特色发展。

4．高品质美育校本课程开发的具体内容

美育是基础教育的重要组成部分，义务教育阶段，应抓住基础教育的良好契机，推进基础教育美育课程发展，开发美育校本课程。通过丰富多彩的美育课程，唤醒学生内心感受，让学生感受美、认识美、知道美，感受艺术美、自然美、社会美、科学美，让学生在美的世界中熏陶，让他们在更快乐、更美好的氛围下学习和成长，从而全面提升学生的素养水平。

（1）浸润美育的环境课程

马克思说过："人创造环境，同样环境也创造人。"优美的校园环境，不仅给人留下美好的印象，更重要的是它能陶冶人的情操，对养成人的良好品格起着不可低估的作用。

　　校园环境对于学生的成长有着潜移默化的影响。可以说，和谐美好的校园环境是一种无声的浸入学生心灵的美育。学校环境，包括自然环境和人文环境，是学生接受美育的丰富的课程资源。在校本课程开发过程中，应关注环境课程的开发，从简单的教室布置到校园美化，渗透美育的理念，让学生每天在潜移默化中感受环境美、发现文化美，从而提升审美素养。

　　在校园环境布置中渗透美育。每个学校都有着几十年的建校历程，其特定的地理位置、校园特点，都是很好的美育资源。我们可以通过绿化、净化、美化校园环境，努力为学生营造一种清新、优雅、文化氛围极其浓厚的学习环境。

　　学校可以从校门的设计、长廊的布置、操场的美化、楼宇的外观设计及内部装饰、"校歌墙"的打造等方面，注重加入美育的元素，充分展示学校的历史文化以及生动活泼、丰富多彩的校园活动，让学生走进校门，就感受到学校文化的氛围，感受到作为学子的荣誉感与自豪感。学校操场四周，也可以设计琳琅满目的画廊，让学校的每一面墙壁都会说话，都能展现艺术美。学生身居其中，通过耳濡目染，美育的种子自然播撒在心间。

　　教室内文化建设也会成为丰富多彩的美育课程资源。如墙壁上醒目的大问号，楼梯上温馨的提示语，楼梯间设计巧妙的小书架，教室内各具特色的展示栏，都能时时彰显美学教育。从一楼到顶楼，用不同的色彩展示着艺术之美，学校的每一间教室，可以营造出不同的班级文化气息。几十间教室，几十个特色，几十个美的所在，以春风化雨之势，润美育于无声之中。总之，校园的每个角落都渗透着一个课程理念——环境美育。

　　（2）渗透美育的学科课程

　　美学是学科发展的高级形态，以审美为中心的教育结构，能充分调动人的主观能动性，开发人的自主性与创造性，帮助学生审视自然、社会、艺术、科学与哲学的价值，使他们对美与丑、真与假、善与恶等有一个正确的感知和体验，从而形成审美判断。

　　在艺术课中体验美。艺术学科是美育的主阵地，开齐开足学校音乐、美术和艺术欣赏等课程，将音乐、美术作为美育教育的主打科目，充分利用现有的一切可以开发和利用的资源，通过讲解造型、色彩、画法的设计与应用，提高学生的绘画技巧和审美意识。通过不同的曲调、节拍、音符的特点，掌握艺术的不同表现手法，激发学生表现美和创造美的欲望。通过定期向学生推送艺术视频鉴赏课，让学生学会发现美、鉴赏美，培养和发展学生的艺术特长。

美育课程与其他学科课程有机融合。学校要求各学科教师从备课、上课、作业到课后延伸活动，都能自觉融入美育教育，既要重视知识传授和能力培养，又要挖掘蕴含于学科之中的美育教育因素，努力做到美育教育与各科教学有机融合，做到"你中有我，我中有你，相辅相成，以美益智，以美育德"，充分发挥学科教学中以美育人的教育功能。学校可以通过课时整合、内容整合、学科融合的方式，将美育课程与其他课程有机融合在一起。例如，数学教学中数形结合的模型美，化学元素周期律的对称美，语文文章中人物与景色的描写之美、诗歌之美，英语课文中的情景插图之美等。美育与环保教育相结合，可以开设生态环保创意美术课程，让环保教育充满艺术趣味。美育与体育相结合。为增强学生体质，学校可以开展丰富多彩的大课间活动。学校音乐教师和体育教师共同创编课间体操（舞），还可以将花样跳绳、竹竿舞、踢毽子等作为大课间内容之一，编排富有美感的韵律操美育与体育相结合，让学生身形美、动作美、体态美，从而实现身心健康美！再如，美育与科技教育相结合。学校可以开展丰富多彩的科技活动：科技小制作、科技绘画展、科技小创意比赛等，在科技教育中融入艺术元素。美育课程与其他课程的融合，不仅为发展学生的艺术素养夯实了基础，增强了学生的视听感受能力，培养了他们的想象力和创造力，而且切实提高了各学科教学的趣味性和艺术性。通过学科教学中渗透美育教育，学科教学借着丰富多彩的美育形式，有效实现了对学生进行社会主义核心价值观教育的目标。

（3）拓展美育的社团课程

《国家中长期教育改革和发展规划纲要 (2010—2020 年)》关于美育的论述中明确指出：加强美育，培养学生良好的审美情趣和人文素养；重视可持续发展教育、国防教育、安全教育；促进德育、智育、体育、美育有机融合，提高学生综合素质，使学生成为德智体美全面发展的社会主义建设者和接班人。学校应努力为学生创造审美体验的机会，每周利用一定的时间，开设以体验经历为主的学校拓展型"课程"，如：乒乓球、足球、篮球、舞蹈、合唱、陶艺、魔术等课，有本校教师授课，也有社会团体专业教师授课。全校学生根据自己的兴趣，选择学习。在操场上、教室里，丰富多彩的社团课程一定吸引着学生全身心投入，让学生发现美、感知美、体验美、享受美。美育是培养学生审美能力、提升学生审美素养的教育，有美感的学生走入社会，一定会努力去创造美、彰显美。

（4）彰显美育的活动课程

学校还可以开展丰富多彩的活动。但这些活动型美育课程必须是经过精心设计的，从程序上、环节上、内容上体现美感，带给学生许多全新的体验，愉悦学生的身心，培养他们的审美情趣，提升他们的审美能力，使学生得到深远的教育。例如，每年的新生"开学礼"，用庄重严肃的仪式感，对新入学的学生进行最初、最美好的入学教育。以感恩为主题开展活动，引导学生感恩自然的赐予，感恩父母的养育，感恩良师的教诲。初三年级的"毕业礼"，是学校全体师生送给毕业生的最美祝福。许下一个心愿，留下一个手印，拥抱一次恩师……这些看似简单的举动，在每一个毕业生的内心深处，形成了长久的感动和记忆。在活动中，中国礼仪之美、中国传统文化之美、中国经典之美，如春风化雨般潜入学生心田。

学校的班队会、升旗仪式、书香校园、才艺展示等活动中都能渗透美育。学校无论组织什么主题、什么形式的活动，都注重从中渗透美育，丰富学生的情感，提高活动或课程的教育效果。

二、通过培训教师实施高品质美育课程

1. 对教师进行政治引领，坚定政治立场

习近平总书记在全国教育大会上明确指出，"我国是中国共产党领导的社会主义国家，这就决定了我们的教育必须把培养社会主义建设者和接班人作为根本任务，培养一代又一代拥护中国共产党领导和我国社会主义制度、立志为中国特色社会主义奋斗终生的有用人才"。这是教育工作的根本任务，也是我们必须坚定践行的目标方向，更是推进美育工作不断取得新突破的基本遵循。作为教育工作者，重点是要教会孩子以一种美的眼光看待世界，以美的行动奉献社会。如果从事美育工作的人缺乏坚定的政治立场，淡化政治的引领作用，美育中的美就不是纯粹的了，那么培养出的孩子即使都是所谓的钢琴家、大画家又有什么用呢？他们会像聂耳、田汉那样用爱国主义情怀谱写出激励民族奋进的民族声音吗？会像徐悲鸿那样用手中的画笔向世人展现祖国的壮美画卷吗？作为高品质美育工作者应切实站稳政治立场，把握政治原则，正确处理好政治站位与工作重点的关系，处理好课堂传授与纪律规矩的关系，特别是在美育教育工作领域，尤其要引起高度重视，要切实把握好知识传授与正确引导的关系。因此，学校应该定期对全体教师进行政治培训，例如：开展校长讲党课活动、思政教师宣讲活动，通过网络向教师推送省市教育行政部门优秀党课活动，让教师认真学习，记录党员笔记和政治学习笔记，书写学习感悟，从而提升教师的政治敏锐度，把握好政治方向。

2. 通过多种方式进行培训，提高教师的审美素养

首先，进行美育理论培训。加大在职教师的培训力度，制定科学规划、探索多元的途径提高教师美育实施能力。如何使教师美育能力的培训及时、有效、具有针对性，是教师美育培训必须思考的重要问题。

对于那些没有系统学习过美育知识、在对学生进行审美教育的过程中感到力不从心的教师，可以采取集中培训的形式。针对有些美育活动零散、无序、无固定课时和缺少师资等问题，可以开办"美育大讲堂"，切实推进学校美育浸润工作。学校可以从知名艺术院校、社会艺术团体聘请高水平专家，定期到校开展教学和指导工作，如聘请美育专家进行讲座，鼓励广大教师积极聆听讲座，讲座的内容包括书香文化、玉石文化、文房四宝、建筑艺术、古籍善本、民间美术、陶瓷文化、实用摄影、雕塑艺术、器乐、地域民俗等。还可以鼓励教师外出研学，到其他学校进行观摩、交流、研讨。还可以参加有关美育方面的国培项目集中培训，通过交流、沟通，以使美育教学工作更进一步，提升自己的美育专业成长。

采取网络培训方式，促进美育课程教师的专业成长。为提高教师美育专业理论素养，在学校网站的培训专区，上传"美育课程"内容，让教师定期学习，通过对美的本质、美的表现形态、美的范畴以及中西部分美学基本理论的介绍，深入明确什么是美育，美育教育包含哪些内容，让全体教师真正懂得美育的含义，如何在教学中体现美育教育。通过启发教师的思维，激发心中爱美的情感，培养教师懂得美、追求美、创造美、传递美的能力，努力以自己美好的形象、优美的语言打造美妙的课堂，要用知识的严密美、结构美、深邃美来感染和陶冶学生，从而达到对美育教育充满信心，并能很好地付诸实施。

积极让教师参加中国大学 MOOC 的学习，鼓励广大教师修几门美育课程，提高美育素养，增强美育责任，为全员美育奠定基础。"好的大学，没有围墙"，慕课学习平台非常好，就像大师专门给自己上课，可以让教师受益匪浅，课程涉及各个领域，其中不乏美育教学领域课程，美术之美、诗歌之美、戏剧之美、艺术之美等，通过自然、社会、艺术、技术审美以及专业课程特色美育课程，

树立正确的审美观念，培养教师健康的审美情趣，传承中国优秀传统文化，凝聚强大民族精神，塑造完美人格，引导教师具有高远的精神追求，成就美丽教育和美丽人生。

其次，立足本校，对教师进行师德素养培训，鼓励教师在日常教学中有一双善于发现美的眼睛，不断发现美的素材，积累美的资源，创造美，为学生打造良好的审美情趣以及积累丰富的审美经验。正如罗丹所说："美到处都是有的，对于我们的眼睛，不是缺少美，而是缺少发现。"只要我们充分利用一切能进行美育的条件、活动进行美育，美育一定会在教育中发挥强劲的育人功能和教化作用。我们试想一下，如果从事美育工作的人都认识不到美，对美没有理解，又怎么会激发孩子美的潜力呢？所以，我认为，美育工作最好的方式就是言传身教，教师应提高对教师人格美的认识，为人师表，做学生人生道路上的导师和楷模。因此，教师必须注重自己形象的塑造，达到以美感人、以情动人。这就要求教师在仪表风度言谈举止、待人接物方面都体现出为人师表的风范，成为学生美育教育的楷模，正所谓"身正不令则行，身不正虽令不从"。只有这样，我们所从事的美育工作才有意义，才有价值，才有效果。

3. 开设示范课、开展专业研讨，提高美育教师育人能力

为积极推进素质教育，充分发挥美育育人的功能，提高美育教师育人能力，打造学校美育课课堂教学模式，学校可以搭建美育课堂教学展示交流活动的平台，加快美育教师专业化成长的步伐，加强骨干教师的培养，强化骨干教师的示范引领作用。

可以开展美育示范引领课教研活动，积极鼓励在美育教学中优秀的教师进行教学展示，分享实施美育的心得体会和成功经验，课后组织广大教师开展专业研讨。教师从具有示范性的课堂案例进行分析，深入浅出，教师们通过学习、探究、实践，将"教学评一致性"的理念融入学校美育教育中，这样有助于开启教师的美育教学思路，形成美育教学特色，更好地将理论性、实践性、互动性融为一体，形成理论与教学方法接轨，构建具有一定特色的教学模式，促进美育教育工作的进一步发展，为全员进行美育教育奠定基础。

在十四五开局之际，学校美育课程应以"积极探索，稳步推进"为原则，着手美育课程体系建设，让特色育人、环境育人、文化育人形成有机整体，实现立德树人的教育根本任务。未来，学校将在美好党建引领下，继续打造高品质美育课程，形成全覆盖、多样化、高质量的具有现代化的学校美育体系。让

历史与时代在美育教育中碰撞，传统与创新在美育教育中融合，继承和发展在美育教育中延续，让学校美育工作思路更宽，方法、途径、载体更多元化，探索出一条稳健的美育之路。

参考文献

［1］杨云波.学校实施美育的意义和途径[J].中学课程辅导·教学研究.2011(11)：67-68.

［2］金丽娜.中小学美育课程开发的可行性研究[J].北方文学，2017.

［3］赵金花.着眼学生核心素养的美育校本课程开发.中小学教材教学.2017.2

［4］李静 蔡春.论中小学课程的美育实施路径[J].课程·教材·教法.2015.12.

［5］陈华.基于学校特色的美育校本课程开发[J].福建教育学院学报.2018,06.

第四章

国内美育教育现状分析——问题及成因

第一节　国内美育教育现状

我国的美育教育是沿着"艺"和"技"两条脉络发展的，对应着美育教育效能的两个侧重面，在当代中国，美育教育在不断发展和完善，但仍有不少的问题出现，我想这些问题正是我们教育的薄弱之处，也是眼下全社会都关注的问题。"过去的教育方式有的已经不能满足青少年的要求，如何借助于文化娱乐的丰富多彩的活动来进行教育，已经成为当前的重要课题，美育必须担当起新的历史任务。"1984 年全国美育座谈会上，著名教育家黄济先生就尖锐地提出了这一问题。

一、幼儿美育教育的现状

当前社会经济快速发展，人们对幼儿的美育也愈发重视。但是令人叹息的是，在人们的观念中，美术学得好，代表画的像，代表画作的色彩与现实相符，代表画作能获得更多奖项……不知从何时起，这种观念就开始在人们心中根深蒂固，甚至许多自称专业的幼儿美术教育机构或者是有相当丰富教育经验的幼儿园教师也是这样认为。在这之中，我们很难看到幼儿天马行空般丰富的想象，抑或对这个世界美好又稚嫩的幻想。在幼儿的画作中，我们看到的多是幼儿对成人所谓的要求的言听计从和死板生硬。《幼儿园教育指导纲要》中指出，幼儿美术教育的目标是：能初步感受并喜爱环境、生活和艺术中的美；喜欢参加艺术活动，并能大胆地表现自己的情感和体验；能用自己喜欢的方式进行艺术表现活动。要实现《纲要》所指出的目标，广大幼儿教师必须对当前的教育现状做出反思和改变。

二、小学阶段美育教育的现状

小学阶段是中国义务教育的开始，给学生打好基础，使他们掌握一定的基础知识和基本技能，这是中国美术教育初级阶段的教育理念。但当前受到应试教育的影响，存在着重语数轻美育、重技能轻创造、重考分轻过程、重学会轻会学等现象，影响了学生个性的发展和创造意识的培养。素质教育中，美术教育作为其重要的组成部分，对孩子的创新精神和动手能力的培养有着至关重要的作用。在小学时期为学生打好基础，对于高年级的学习也有很大的帮助。美术学习，首先会让学生接触到艺术大师们的优美绘画图册，不仅可以陶冶学生的情操，还能够促进儿童的审美启蒙，增进他们对不同文化的感悟。而且美术学习会提高学生的动手能力与创新能力，也会对色彩有更深的理解与感悟。但是，在应试教育不完善的背景下，很多的家长和老师更多的是关注孩子的应试成绩，或者是升学率，而忽视了对其综合素质的培养，这也是现存的一个比较突出的问题。

因为长期受到应试教育的影响，和教材本身、教育观念、教学环境的影响，虽然小学美术课堂一直都存在，但是，一方面，因为美术课程资源的缺乏与美术教育信息的闭塞，美术教师一直都没有像文科教师一样受到重视，而且对美术教育的评价不尽科学，导致有很大一部分美术教师的教学兴致减退，工作热情消退；另一方面，因为教学设备和教学理念的影响，并不是所有的美术教师都有相对丰富的美术知识与教学经验，并且缺乏标准化的学习与培训，这在美术教学中也是一个急需解决的问题。

部分学校对小学美育教育还没有一个正确的认识，认为美育教育不如文化课重要，或者是认为美育教学对成绩与升学率的帮助太小，而忽略了美育教学的重要性；此外，部分老师也将文化课和美育教学相比较，用教授文化课的方法来向学生传授美育学习知识，忽略了动手能力与创新意识的培养，由此就偏离了美育教学的教育目标，导致小学生艺术性培养的缺失。

三、初高中阶段美育教育的现状

现在我国大力提倡素质教育，美育不仅是提高国民素质的需要，也是社会发展的需要。中学美育教育是美育建设的重要组成部分。众所周知，美育是一种情感教育。受教育者在接受美的教育时，体验来自艺术作品和艺术家真实情感的美的意味，从而导入纯洁、高尚、健康向上的精神世界。因此，中学美育教育侧重于审美教育，即以美育欣赏为主要的教育手段。

为数众多的家长和教师片面地认为学生爱好美术及书法就是画画儿，学校开不开美术课和学生懂不懂艺术无关紧要，由此而产生的恶劣影响是十分严重的。来自社会的种种因素，导致大多数人对美育教学有误解和偏见，以至于使中学美育教育未能得到足够的重视和应有的地位。由于学校在教学上一味地追求升学率，忽视及漠视非智力因素或形象思维的开发和培养，从某种程度上制约学生求知的视野。所以说，这是导致学生想象力渐次削弱的主要症结。

初中美育教育在社会大环境、教师配置和学生认识等方面存在一些亟待解决的问题，认真分析解决这些问题，有助于美育教学的开展和学生美育素养的提高。

（一）社会大环境方面

我国当前的教育体制，应试教育仍然是一个主流，与考试（统考）无关的美术课，容易被视为"鸡肋"，不能引起学校领导和学生的重视。根据调查，因为美术课不作考试（统考）科目，加上"应试教育"思想作怪，许多学校把美术课当作"活动课"，尤其是乡镇学校，美术课可上可不上，不重视这门课程，导致许多学生对美术课认识上有误区，常常把美术课当作消磨时间的课程，弃之不能，食之无味，使美术教育处于一个尴尬的境地。大家普遍认为美术课学生比较感兴趣，但对学生发展不重要，可有可无，家长和老师更看重考试成绩。每当评价学生好坏时，总是习惯以语数外理化等所谓的基础文化课成绩为主，一些学校和教师将美术作为"副科"，而一些"主科"教师不能正确对待，占课、拖堂现象比较严重，特别是期中、期末检测阶段，美术课甚至基本停课。所以即便美术课开展得再好，也会被称作小科，地位低，不够重视，美术教师易产生倦怠情绪，一定程度上影响美术教师的教学积极性。

（二）教师方面

首先，教师的资源配置不够，师资力量薄弱。城市相对农村要好一些，在大部分农村存在着严重的师资短缺问题。相当一部分美育教师是由担任基础文化课的老师兼任，这种现状严重影响了中学美育教育发展。个别初中招收的是附近农村小学的学生，根据调查，基本上在小学都没有接触过正规的美育教育。再说说领航校长工作室成员校的一所中学，虽然有着悠久历史和优良作风，但美术老师只有一位，现在是三个年级的美术课，还兼任初一年级两个班的历史课，原因是老师不够，所以美术课从最初的一周两节，改成一周一节，再改成现在的两周一节，这样下来一个学期结束，每个班也上不了几节美术课。如此一来，也就无法真正做到培养学生的美育学识和素养。

其次，美育教室的使用情况不乐观。大多数学校都设有美育专用教室，但因为其他课程课业负担较重等原因，轮到去美育专用教室上课时，部分学生迟到、缺席的情况较多，使课堂教学效果打了不少折扣。像一些学校是美育专用教室和美术器材、美术展室合二为一，所以基本上美育课还是在各班教室开展的，经常会出现上课前把美育用具挨个发给学生，下课后赶紧挨个收回发给下一班的情况出现。

（三）学生方面

第一，学生认识方面。对学生而言，在传统思想的影响下，学生家长认为美育对学生毫无作用，同时学生自身对美育的学习也不加重视，在他们看来，中考不考美育，认为没有必要学习，因此放松了对美育课程的学习。

第二，学生纪律方面。美育课是学生们喜欢上的一门课，但一些学生对美育课认识错误，认为美育就是玩的科目，课堂纪律相对比较难管。

第三，小组合作不充分。课堂中小组合作的机会是比较多的，但学生的小组合作情况并不理想，小组分工不明确，闲聊的现象较多。

第四，作业的完成。在美育教学中发现，因课堂上学生个性创作的时间有限，有时学生刚进入状态就到了下课时间，若把作业拿到下一节美育课继续完成，学生的创作思维就被打断了。长此以往，学生的思维能力、审美情趣和技能训练都会受到影响。

近几年，实施新课程改革以来，高中虽然制定了美育欣赏课教材，但少有学校开设，只有为了考美育专业的学生开始考前美育培训。但学校没有给这些学生分配合理的训练时间，很多学校整个高中阶段的专业课和文化课不能有机地结合起来，形成高中美育教育的一种畸形发展，给高中美育教育带来负面的影响。

四、大学阶段的美育教育的现状

大学生普遍缺乏最基本的美育常识。很多大学生不明确甚至不清楚美学及美育的含义，很多大学生普遍认为美学是与美术有关的，美育是美术教育的简称而已，更不用指望他们体会培养一个健全人格的意义了。他们了解智育、德育及体育远比美育深刻，这个结果对于实行多年的高校美育是很遗憾的，从本质上讲高校的美育大部分努力是付诸东流的。

部分大学生审美能力缺失，审美观念偏颇。

由于美育在高校教育中没有健康地发展起来，当下的大学生由于理论上的迷惑和实践上的困窘，导致部分大学生的审美能力缺失，审美观念偏颇。

随着我国经济的快速发展，高度的开放的市场经济体系不仅仅改变了人们的生活水平，还深刻的改变了大众的消费观念，来自西方社会的物质主义、享乐主义、实用主义，感性欲望，大众化、快餐化的文化环境，尤其对当代大学生产生十分深刻的影响，导致许多大学生极端物质追求，缺乏了理性的规范与道德意志。

五、当前高校美育中存在的问题

自 1999 年美育被正式确定为国家的教育方针以来，美育在学校教育中的地位得以确立，美育由此获得了良好的发展机遇，也取得了一些可喜成效。但是同时我们也应看到，尽管美育实施多年，但它依然游走于众多高校教学体系的边缘，不少学校美育基础薄弱，存有很多问题。

（一）部分大学生对美育的了解不够

大学生普遍缺乏最基本的美育常识，很多大学生不明确甚至不清楚美育的含义。普遍认为美育是与美术有关的，美育是美术教育的简称而已；甚至还有一部分学生认为美育无非就是唱唱歌、跳跳舞，是一种娱乐活动；很多高校也只是把美育当作德育的附属部分。他们对德育、智育及体育的了解远比美育深刻。

（二）部分大学生审美能力缺失

由于美育在高校教育中没有健康地开展起来，同时当代大学生由于理论上的困惑和实践上的困窘，导致部分大学生审美能力欠缺，审美观念偏颇，审美境界低俗。"长期以来，高雅艺术一直难以走进大学校园，一些大学生醉心于各种流行文化，而在阅读和欣赏文学艺术作品时，不能从中获得心灵的陶冶和审美的愉悦等"，"很多学生审美情趣不高，以怪为美，以奇为美。盲目追赶时尚和潮流的同时忽视了心灵美、内在美的塑造。"

（三）高校对美育重视不够

众多高校把美育放在可有可无的位置，或者只是把美育作为德育的一部分，因此高校美育方面的课程开设的比较"少"，且"散"而"乱"。目前，大部分高校美育课程建设工作严重滞后：大多数高校还没有将美育纳入课程体系；教材匮乏；师资力量薄弱，大多数高校没有专职的美育教师；经费投入严重不足，基础设施落后，没有专门的实施美育所必需的场馆、设施；同时缺失科学的美术评价体系。

六、农村美术教育

由于经济、观念、师资等诸方面的因素，农村美育教育与城市比较而言，存在着长期落后的状况。美育师资不足，教师素质偏低，教学模式、内容、方法依然陈旧，很难适应新课程的目标要求。要改变这一现象，就应该充分开发利用农村人文、地理、自然资源，变劣势为优势，结合新课程的特点，开展农村特色的美育教育活动，变被动为主动。

在大力发展经济，人们企求提高生活质量的今天，以纯美育为主的高等专业美育教育结构显然不能适应社会的需求了。时代需要高水平的美育家，也呼唤着更多实用美育人才的出现。发展设计方面的教育，不仅是经济建设，而且还与当代艺术潮流和文化发展的态势相吻合。艺术创作活动已不局限在画架上，现实生活空间为人们提供了创造美、感受美、欣赏美的广阔领域。工艺设计的广泛应用，工艺设计教育的加强是实施美育的有效手段之一。

现代设计思想和人文精神教育、设计观念与创造性思维的培养、现代设计手段的应用、对现代材料的认识与掌握，已成为现代设计艺术教育的核心内容。调整、完善课程结构，更新教学内容和方法，转变教学观念是设计专业教学改革最紧迫最重要的课题。我国的高等专业美育教育迎来了一个发展与变革的好机遇。

美育是指培养学生认识美、爱好美、创造美的教育，是成为全面发展的人必不可少的环节。值得注意的是，谈美育的时候，并不宜狭义地将其等同于美术、音乐等概念，而应当把握住"认识美（审美）、爱好美（喜欢美好的事物）、创造美"三个重要特点。

谈到美育时，往往会有对当下社会中与美有关的问题的反思。比如，抖音上某些扭曲的审美观；学校里，美术课受到忽视，常常被高考科目课占用；社会对美育专业的偏见；艺考对美育发展的消极影响；等等。

扭曲的审美观反映了基础教育中美育的缺位。美育的缺位其实来源于学校、学生对美育的忽视。为什么会忽视美育？极端功利的社会风气使之然，不合理的美育制度使之然。

为了改变这一现状，首先，我们要知道美育的根本目的是"激活美的感知能力与追求、创造美"的能力，因此，为了更正大众对于美育的误解，我们应该普及美育基础知识；其次，建立并完善美育制度，建立美育考核机制，提高美育的重要性；最后，美育的更高层次目的应当是：顺应时代的要求，赋予美育更多的社会责任。

第二节　国内美育现状分析

自古以来，美育及其教育活动就是人类医治心理疾病、保障心理健康的一种手段。人们发现美育作品及其构成因素均具有良好的心理治疗作用。英国心理学家斯宾塞曾经说过："没有油画、雕塑、音乐、诗歌以及各种自然美所引起的情感，人生乐趣便失去了一半。"而我国教育观念落后，教学手段单一，教学方式简单等。中小学几乎都把素质教育放到可有可无的位置上，甚至大学里也是重理轻文、重技轻艺。尽管教育大纲有着明确规定："中小学美育课是九年义务教育阶段一门必修的艺术文化课程，是学校实施美育的重要途径，它对于陶冶情操，提高美育文化素养，培养创新精神和实践能力，促进学生德、智、体、美全面发展，具有重要作用。"但是实际执行却不尽如人意。很多美术师范专业的学生，毕业分配到了中小学任美术教师，却根据学校的安排都改上了其他课程。怎么把学生从"考试型"转型为"实践型"，这是我们目前亟待解决的问题。素质教育关系到民族的未来，艺术教育又是素质教育的重点，因此，需要把艺术教育放到整个教育环境里来思考，改革当前的教育制度势在必行。

一、幼儿美育中存在的问题及建议

（一）幼儿美育中存在的问题

1. 模式化的教学方式

曾经有家长很是自豪地夸赞自家的孩子有画画的天赋，在老师的范画后，孩子能够依葫芦画瓢非常准确地画出和老师范画相似的画作。每次老师的评价都是三颗星，在其他家长眼中也是令人羡慕的聪颖的孩子。在这种现象的背后，不禁令我产生疑问，难道画的"像"才是画得好的唯一标准吗？我们的孩子、老师、家长，不知从何时开始，将"与老师的范画相比是否画得像"作为幼儿美术的模式教学，虽然教授了幼儿基础的美育技能，但长此以往会扼杀幼儿在美育领域探索中最重要的能力——创造力。

2. 片面的美术观

不少家长认为，美术就是绘画，只要学会绘画技能就是美术好，其实这是一种有缺陷的、片面的美术教育观。美术包括方方面面的内容，绘画只是其中一方面。还有不少家长存在一些功利性的想法，希望幼儿的画作能拿到奖项，认为幼儿学习美术就是为了拿到奖项，争得荣誉。这种想法是错误的，肤浅的。还有另一种美术观认为，只要画的真才是画得好。这种想法更是扼杀了幼儿对世界美好的想象，幼儿天马行空的想象需要我们鼓励和赞赏，而不是觉得幼儿是在胡思乱想，如果一味地以与现实生活中的事物画的相似，画的"真"作为标准，那不如一张照片来的真实，何需绘画？

3. 师资力量的匮乏

如今很多专业美术学院的学生毕业后从事幼教方面工作的很少，一是专业不对口，二是只能教学幼儿的美术课，其他方面尤其是幼师必备的弹唱，组织课堂活动等专业技能缺乏。但幼儿园中学前教育专业的幼师在美术方面的素养，一定是比不上美术专业的人才的。没有接受过专业美术教育培训的教师，不具备良好的美术专业素养，无法启迪幼儿的美的感受，只能机械地教育幼儿，幼儿美育得不到更好的发展，形成这样"专业人才进不来，幼儿教师又出不去的怪现象"。

（二）对当代幼儿美育发展的建议

针对模式化的教学方式，《幼儿园教育指导纲要》的指导要点中指出：

第一，艺术是实施美育的主要途径，应充分发挥艺术的情感教育功能，促进幼儿健全人格的形成。要避免仅仅重视表现技能或艺术活动的结果，而忽视幼儿在活动过程中的情感体验和态度的倾向。

第二，幼儿的创作过程和作品是他们表达自己的认识和情感的重要方式，应支持幼儿富有个性和创造性的表达，克服过分强调技能技巧和标准化要求的偏向。

第三，幼儿艺术活动的能力是在大胆表现的过程中逐渐发展起来的，教师的作用应主要在于激发幼儿感受美、表现美的情趣，丰富他们的审美经验，使之体验自由表达和创造的快乐。在此基础上，根据幼儿的发展状况和需要，对表现方式和技能技巧给予适时、适当的指导。

　　这三条都是说了要给幼儿充分的自由，让幼儿自己去看，自己去想，鼓励幼儿的想法和创造以及幼儿作品所表现出来的想法和创造。不要只是盲目地让幼儿进行模仿，他们经过多次的模仿练习，表面上学会如何掌握技能，实质上在模仿中，他们的创造力也在一点一点被磨没，是在机械地被教育美育了。而教师在美育中的绘画方面，也不是完全地杜绝做范画，我们也知道，对于小班的幼儿来说，刚开始握笔画线都是困难重重的。教师要做的是要把握好一个度，既不阻碍幼儿想象力的发展，又可以让幼儿画出自己的想法，会画出自己的想法是最重要也是最难的，一是会画，二是画自己的想法，简简单单的八个字，做起来实在不易，要靠教师、家长，乃至社会环境的努力，才能培养幼儿朝正确的美术教育方向发展与前进。

　　（三）针对片面的美育观，根据《幼儿园教育指导纲要》，幼儿美育的内容可以从以下方面加强。

　　1. 引导幼儿接触周围环境和生活中美好的人、事、物，丰富他们的感性经验和审美情趣，激发他们表现美、创造美的情趣。

　　2. 在艺术活动中面向全体幼儿，要针对他们的不同特点和需要，让每个幼儿都得到美的熏陶和培养。对有艺术天赋的幼儿要注意发展他们的艺术潜能。

　　3. 提供自由表现的机会，鼓励幼儿用不同艺术形式大胆地表达自己的情感、理解和想象，尊重每个幼儿的想法和创造，肯定和接纳他们独特的审美感受和表现方式，分享他们创造的快乐。

　　4. 在支持、鼓励幼儿积极参加各种艺术活动并大胆表现的同时，帮助他们提高表现的技能和能力。

　　5. 指导幼儿利用身边的物品或废旧材料制作玩具、手工艺品等来美化自己的生活或开展其他活动。

　　6. 为幼儿创设展示自己作品的条件，引导幼儿相互交流、相互欣赏、共同提高。

　　我们要树立一个正确的美术观与是非观。对于幼儿美育，我们要做到以人为本，以幼儿为本，从幼儿的认知角度出发，融合幼儿的实际生活和幼儿感兴趣的事进行幼儿美术教育。曾经我见过这样一个案例，这是一节绘画课，老师要求幼儿学画太阳，老师都会说太阳是红彤彤的，所以大多数幼儿画的太阳都是认真地涂上了红色，而其中一个孩子如鹤立鸡群一般，他画的太阳是黑色的，教师上前询问幼儿画黑色太阳的缘由，孩子说出了这样一番话："今天是下雨天，天黑黑的，我想太阳公公穿上了黑色的衣服，所以天才会黑黑的。"孩子稚嫩而充满天真的话语让老师震惊，这位老师没有责怪这个画黑色太阳的幼儿，而是当着全班的面夸奖了这个孩子。这位老师的做法值得我们竖起大拇指，我想现实生活中，许多老师遇到这样的情况，一定会认为孩子是在乱涂乱画，甚至其中不乏直接把幼儿批评一番让幼儿重画。孩子的内心世界是丰富多彩的，作为教师和家长，不如我们学会放手，让幼儿来做小主人，画出他的世界、他的想象，会有意想不到的收获。家长们也不要拘泥于绘画这单独一方面的能力上，美育的形式多种多样，对幼儿的美育是想培养幼儿善于发现美，创造美。学会欣赏美也是很重要的，教师和家长的引导对幼儿来说很关键，你能给幼儿提供多宽广的世界，他就能发展多少想象力与创造力。经常带幼儿出去走走看看，不要总是待在家中和幼儿园这样相对封闭的空间，多给幼儿提供适合的书籍或是图片，启迪幼儿的思维。

（四）我国幼儿教育的师资力量与一些国家相比确实略显薄弱，如何改变这样的现状成了一个困扰的难题。我想到了以下几种方法：

1. 可以借鉴在美育方面做得有突出特色的国家的做法，先试点进行，如果有改善，确实值得学习的，可以全面推广。

2. 可以在幼儿园中聘请专业美术人才，结合幼儿美术，专门开设由美术专业人才执教的幼儿美术教育。

3. 教师评价的方式应多元化，教育的方式也要多元化，激励与游戏相结合的方式进行评价和教育，一定能吸引孩子的目光和兴趣。

4. 国家对于幼儿园以外的私人美术教育机构要严加管理，一切以孩子为本，以正确的美育为原则。

二、我国小学阶段美育存在问题及建议

（一）我国小学阶段美育中存在的问题

1. 美育在素质教育中的重要性意识不足

素质教育强调学生的德育、智育、体育、美育全面发展，美育能引导学生积极地、愉快地学习和劳动，促进智能发展，塑造健美体格，形成优美品德，陶冶高尚情愫。因此，美育在素质教育中补充德育、智育、体育并积极影响德育、智育、体育。而在小学的一些学校中，学校美育在学校中受到智育的排挤，而所谓"智育"又在很大程度上受制于考试和升学率，升学率成了支配学校教育

的指挥棒，相比之下，美育变得可有可无，其重要性在思想上得不到确认，甚至在教学内容和课程安排上都得不到保证。主要体现在：学校课程设计有明显的"主""副"课之分，只关心学生语文、数学等文化课分数，而忽视美育的重要性。另外，学校仅仅着眼于培养少数艺术尖子生而置学校美育对全体学生的心性陶冶的根本任务于不顾，学校领导一谈美育，就大谈特谈自己的学生在国家或省级组织绘画、音乐等比赛中拿了什么大奖，或自己的学生有多少考入了艺术类高等院校等，导致小学美育本末倒置，最终就无法确立美育的独立目标，从而导致教师在实践美育时出现教育范围狭窄的问题。同时，小学教师对于美育的本质还存在着认识上的偏差，认为美育即艺术教育，是培养学生绘画、音乐、舞蹈等艺术技能、技巧的教育。这种观点缩小和降低了美育的功能限度，美育仅仅局限于培养具体的技能、技巧的范围，而没有在塑造新型文化品格这一更高的层面上来认识美育的意义，从而消弭了美育的丰富性，造成美育形式单一。

2. 完善的教育体系是保证教育效果的关键环节

目前，在小学美育中造成美育氛围难以形成、美育范围狭窄等问题的重要原因是学校美育体系建设不足。一方面，美育师资力量严重不足。从目前全国多数小学美育师资实际情况来看，普遍处于极其匮乏的状态。美育教学中师资是保证教育效果的重要因素，若师资队伍短缺，美育就很难稳步地向前发展。另一方面，美育课程设置薄弱。多数小学在学校课程体系设置方面，仅仅限制于美术、音乐等课程，使美育范围受到局限，教师不能更好地整合美育专业资源，造成美育的结构单一。

（二）完善我国小学美育的对策

1. 确立美育的教学体系，营造良好的美育氛围

既然传统教育理念中忽视美育的行为是不正确的，那么学校教育者就要改变淡漠美育观念，具备长远的眼光和全面科学的育人观点，在学校教育中加强美育意识，根据美育的自身特点，确立审美化的教学体系，把审美能力的培养，引进课堂，营造良好的美育氛围。一是确立美育在小学教学体系中的地位，以冲淡和改变传统教育对美育淡漠的意识。学校教育者要学习先进的美育思想和经验，明确美育和德育、智育、体育等其他各育一样，都是学校素质教育的有机组成部分，共同构成学校全面教育的有机整体，地位与其他各育平等，共同作用，共同培养学生的德、智、体、美等方面的素质，共同促进学生的全面发

展。二是构建美育课程体系。学校教育者应从全面性的审美实际出发，按照现代美学和现代教育学的要求来构建美育的课程体系，设定一定数量和一定品种的美育课程，如音乐、舞蹈、绘画、书法、摄影、建筑、园林、雕塑、戏剧等课程，这样才能发挥学校美育不同于家庭美育、社会美育、中小学美育的优势，提高教育质量，增强教育效果。三是强化全面发展教育的思想，建立全面发展教育的评价体系，改变片面追求及格率和升学率的倾向，使美育在学校工作中取得应有的地位。四是加强学校美育师资力量的建设，为美育活动的开展奠定坚实的基础。要抓好教师的培训工作，在培训中通过"走出去、请进来"等多种渠道提高教师的美术素养。还要鼓励教师不断总结经验，结合学校所在地区的实际情况，挖掘乡土文化，自制乡土教材，调动一切积极因素，以科学的态度和创业精神去研究美育所面临的问题，全面开展各种特色的乡土教学。这样，才会促使教育形态的选择和教育行为的实施，从而开创小学美育的新局面。

2. 拓展美育的层次范围，实现全面的美育效果

在美育概念体系中，有小美育（艺术教育），也有大美育（自然、社会和艺术教育）；有形式上的美育（美育课程），也有实质性的美育（精神陶冶），涉及自然美、社会美、艺术美等美学的方方面面，范围宽广，层次多样。因此，在小学教育中实施美育，应将体验教育融入学生活动的方方面面，激发情感体验，创新体验形式，拓展体验空间，提高体验层次，注重体验实效，从而实现学生感受美、鉴赏美、表现美的全面发展，达到塑造完美心灵和人格的作用。一是学校教育者要加强美育理论的建设，正确诠释美育的概念，从而推动小学美育的具体宣传和实施，构建以美促德的理论根据与具体途径，更好地促进美育在小学教育活动中的开展。主要加强美育在小学教育中对补充德育、智育、体育并积极影响德育、智育、体育的作用，以及美育有助于人脑智力的全面开发、有助于提高学生的思维能力和创造能力、对培养学生的品格修养和思想道德素质都起到重要作用的理论研究和美育概念、层次、范围、方式的理论研究，提高教师对美育的认识高度，丰富美育的教学层面。二是寓美育于各学科教学。教师应充分发挥各学科教学的主渠道作用，从不同学科、不同角度，多方位、多层次有效地实施美育。如在体育教学中可让学生认识人体的运动美、力量美；在音乐教学中，让学生认识、热爱、欣赏音乐美；在美术教学中，让学生感受、认识色彩美、线条美、图形美、造型美……从而开拓学生的视野，发展形象思维，培养观察力、想象力和创造力，获得美的享受。三是开展专门美育课。学校可

在加强艺术学科教学的基础上开设美育课，系统地传授粗略的审美常识及审美技能，使学生掌握自然美、社会美、艺术美、科学美的基本内容，培养其审美、立美、创美能力。同时，将美育课同音乐、美术课的教学、班队活动、课外活动、生活活动等结合起来实施美育，构成合力，形成多渠道的美育实施系列，对学生进行全方位、高效能的审美教育，整体提高学生素质。

（三）对小学阶段美育的建议

1.更新教育观念，改变家长们的教育观念

"素质教育"是一个综合概念，在不同的年龄阶段，不同性质的教育类型，各有不同的重点和要求。可是，它也是一个教育目标、教育规律的共同的普遍性的问题，必定存在一个突破口。美术作为一个完整的艺术门类，有着它独特的体系，我们不能从单纯意义上的绘画概念来理解和对待，因为美学的社会功能直接影响到文学、政治、经济、科学等各个领域，影响到整个社会的内在品质。

伯克说"艺术是人类的天性"。作为家长，我们要让孩子释放天性，不要被社会经济的价值观所影响，发现孩子的特长并给予充分的肯定与成长空间，让孩子敢想敢做。不要临时抱佛脚，也不要因为学习文化课而抹杀他们的天性。经常听到家长们这样说，画画是个爱好，不反对孩子学一学，但前提是不能耽误学习，在学习成绩不好的前提下，画得再好都不可以画画。也经常遇到高中孩子的家长说："我家孩子学习不好，我想让她考个美术！"不是为了孩子的天分，也不是为了孩子的爱好，只为能考上大学。这一点教育观念与美国不同。美国家长可以为了孩子的兴趣让其自由选择学习，并给予最大的理解和空间。美国画梦的女孩阿琪雅纳 4 岁开始画画，她坚持每天画画，5 岁时有了不同凡响的变化，6 岁开始画油画已初见端倪。8 岁所画油画《和平之子》让世人惊叹。阿琪雅纳自学在家，每天画画达到 12 小时以上，有时通宵达旦。她自己说她不是天才，而是勤奋。不为世俗的成功，只为孩子的兴趣，是兴趣成就了一个天才，成就了阿琪雅纳。阿琪雅纳从四岁到八岁的作品，可以看到这个小天才的绘画轨迹。中国钢琴家郎朗小时候爸爸为了他的兴趣每天带着他四处求学以至于负债累累，一直学习钢琴，从而成就为今天的朗朗。所以家长们，如果孩子有天分，给孩子一个宽松的环境去发展，请不要让现代的经济观和教育观毁掉了一个未来的艺术家。让我们的家长们为未来的艺术家们创造一个成长环境，让中国的达·芬奇有成长的空间，让中国的朗朗现象背后的教育思想更成熟起来，让中国的天才儿童成为美国的阿琪雅纳不再是个梦。

2. 认真落实关于全面推进素质教育的决定，建立系统化的中小学艺术教育体系

美术教育应从幼教开始，这是一种贯穿整个中小学的课程，也是素质培养的重要手段之一。

一是美术教育应是实践性的。美术教育应以启发创造想象力为主，兼而学习世界优秀传统的绘画，在每一个教育阶段上，都要学习国内外不同民族优秀传统的绘画，培养学生有一双欣赏"美"的眼睛。二是突出美术教育的人文科学性质。在不同阶段上都应开设艺术鉴赏课或者其他艺术活动。只有在鉴赏中以及大量优秀的例子中，才能培养审美的眼光。三是开设艺术课程或艺术讲座，以美育为宗旨的美术教育与以学习技法培训艺匠为宗旨的教育应该是有区别的。四是可适当地开展艺术批评课程，引导学生对美术作品进行批评，不仅可以带动其对其他学科的学习研究兴趣，扩大知识面，更重要的是使学生们在进行批评的活动中，依据所选择的价值判断和标准不断地评判和修正自己，以同样的价值判断和标准塑造自身。

3. 让中国的大师们走进我们的视野，他们的人和作品走进我们的课堂，甚至于从小跟从大师学习绘画大师们是绘画的精英，是我们的方向标。不论多么有天分，也要学习前人的经验，为大有画画天分的孩子，指引成才的方向缩短进程。

4. 早发现，早培养

王羲之是我国的大书法家，他的儿子王献之从小开始学习父亲写字，大有其父之风，终成大家，史称两父子为"二王"。英国画家特纳从小喜欢涂鸦，父亲在他十一岁时把他送去学画，十四岁进入英国皇家画院学习，接受了正规的美术教育，十八岁成名。早发现，早培养，不要等到孩子天分被掩埋时再追悔莫及。罗恩菲德说过："在艺术教育里，艺术只是一种达到目标的方法，而不是一个目标；艺术教育的目标是使人在创造的过程中，变得更富有创造力，而不管这种创造力将施于何处。假如孩子长大了，而由他的美感经验获得较高的创造力，并将之应用于生活和职业，那么艺术教育的一项重要目标就已达成。"无论我们成为什么样的人，做什么行业，都要有一双会审美的眼睛。所以，提高我们的文化意识，改变我们的美术教育思想和现状，势在必行。

美育教育影响人的文化素质、思维品质、思想品德、生理和心理素质的形成。但我们当前小学美术教学受"应试教育"的影响，美术教育的受重视程度

并不理想，有些学校甚至不开这门课程，很多人认为美术课可有可无。存在着重语数轻美育、重技能轻创造、重考分轻过程、重智育轻德育、重讲解轻学习、重课内轻课外、重"学会"轻"会学"的现象，束缚了学生学习主动性的发挥，影响了学生个性的发展和创造意识的培养。要克服这些不良倾向而实施素质教育，必须明确小学美术的指导思想是着眼素质、培养智能、培养兴趣、重视美育、发展个性，教学要坚持面向全体学生，使学生全面地、生动活泼地、主动地得到发展，从而学会学习、学会生存、学会做人、学会创造。为此我觉得小学阶段的美术教育应该做到：

第一，面向全体学生，使所有学生都接受美术教育。提高民族素质必须提高艺术素质，必须从培养每一个人的艺术素质入手，因为每一个人的艺术素质是民族素质的重要组成部分，民族素质是每一个人素质的融合和升华。所以在小学美术教学中必须面向全体学生，使每个学生在原有基础上都得到最大限度的发展，从而实现全体学生艺术素质的提高。

第二，全社会应重视美育教育，学校应尊重美术课教师，安排好美术课程，教师应切实上好每节美术课。上好小学美术课的关键问题是解决好后进生问题，不能排斥他们，帮他们建立学习的自信心，使他们能亲自感受到成功的愉悦，树立坚定的自信心，然后再逐步提高要求，从而使他们不断进步，最终让全体同学都对美术有浓厚兴趣，都来上好美术课。

第三，鼓励优等生达到尽可能高的水平。教师可通过对他们提出较高学习要求，来带动全班强烈的艺术兴趣，以此实现艺术教育关于面向全体学生的客观要求。小学阶段艺术素质能否得到发展，都直接影响到他们个性的全面发展，对他们的一生均有深远的影响。

三、初高中阶段美育存在问题及改进措施

（一）初高中阶段美育存在的问题

在初高中阶段美术教育会因为其他课程的设立而产生不同的现象，初中三年绝大部分学校都开设美术课，总的现象和小学差不多，都不受重视。欣喜的是，许多学校开设美术兴趣小组进行专门辅导，遗憾的是，这些兴趣小组多数是开始为日后竞争异常激烈的美术高考做准备，近几年实行新课程改革以来，高中虽然制定了美术欣赏课教材，但高中美术欣赏课很少有学校开设，绝大多数的高中不开美术欣赏课，高中课程安排上把美术课踢出了课程表，只有为了想考

入美院的部分学生开始了他们漫长而枯燥的考前美术培训。几乎所有的高中都有美术高考生在上考前培训班，这种考前培训班分校内的和校外的，而不论校内和校外的高中美术专业学生和老师却没有相应的美术专业教材和标准可循。这不能不说是当前美术教育界的一大失误。

对于校内开设的美术专业课程，刚步入高中，一些领导怕专业训练影响文化课成绩，给学生训练的时间大多是课外活动和晚自习。在时间安排上比较短，而且不集中；在色彩学习方面不考虑光线的因素甚至晚上进行色彩训练，如此种种都说明对专业不够重视，抓了文化课丢了专业。上了高三，学生又要放弃文化课去学专业，很多学生刚上高三就放弃了文化课，进入考前培训班，抓了专业又丢了文化课。没有给美术专业的学生分配合理的训练时间，很多学校的整个高中阶段的专业课和文化课学习不能有机地结合起来，这不能不说是高中美术教育的一种畸形发展。更为严重的是，近几年来，美术高校盲目扩招，美术考生急剧增多，美术高考方式也越来越趋向简单的模式化，很多艺术院校为了省事和节省考试费用，大多是考默写、画照片等。因此，出现了很多考生只会速写而不会写生、只会画头像而不会画静物、只会画照片而不会画模特等现象。有些考前培训班或美术高考班，为了提高升学率，教学生"背画"，把机械的方法强加给学生，不惜牺牲学生的前途。这样的考生，即使是考取高校以后也得从头再来，给高校美术教育带来负面的影响，这些应该是一个值得大家深思的问题。

（二）对初高中阶段美育的建议

1. 转变教学观念

无论是一些学校对美术课程的不合理安排和其他教师对美术的重视度不够，抑或是家长的固有观念，这些都对中学美术教学工作的顺利进行有所阻碍。因此，观念问题是必须首先解决的问题。

2. 完善课程设置

在美术课的安排上，因国家课程设置规定小学美术每周2节，每课要求进行2课时教学，因此学校可对美术进行连堂教学，这样既解决了一节课作业完成不了的问题，又能使学生的思维能力得到持续性锻炼。教师应加强课堂趣味性教学，调动学生学习的积极性。在美术教学中，要注重将美术更多地与文化、生活相联系，创建多维互动的有利于学生自主学习的教学组织形式，让学生在宽松的氛围中感受美，在活动中学、在玩中学。比如在美术教学中，可以给学生们安排纸浆画教学、超轻彩泥教学、剪纸教学等学生们感兴趣的内容，学生们热情参与其中，课堂效果就会很好。

好多学校只是单纯地上美术课，没有开展书法课，书法课的学习和美术一样重要。虽说美术课包括书法，但学生书写得好坏对一个学生的成长至关重要，所以正规的书法课开展势在必行，反观一些学校，现在一部分学生的书写很成问题，真可以用惨不忍睹来形容。所以针对这种情况，学校应从基础学段开始，每班都开设书法课，有助于学生良好书写习惯的养成。

3. 改进教学方法

在传统的教学中，教师总是占据着主导地位，学生只是盲目地听讲，但是在新课程要求下，教师要转变教学观念，把学生作为课堂教学的主体，加强和学生之间的沟通和交流，能够了解学生的真实学习需求，引导学生去感受学习美术的乐趣。并且教师要意识到美术这门课程的重要性，着重去备课，充分地把美术课利用起来，让学生学到更多的知识。教师要培养学生的美术兴趣，尊重学生的个性化发展，多多表扬学生，提高学生学习这门课程的自信心。美术教师要让学生对美术这门学科的价值、观念有更深入的理解和认知。教师也可以把美术课堂和实际生活联系起来，让学生在生活中就能够发现美，也能够把学到的美术知识应用到实际生活中去，做到学以致用。总之，在初中美术教学中教师要加强对美术课程的重视度，提高学生学习这门课程的积极性，在美术教学中能够培养学生良好的审美能力、鉴赏能力，让学生在美术教学中感受到学习美术的乐趣。

美术课主要是让学生学会发现和感受生活中的美，从而获得灵感去创造美。教师除了要教会学生基本的绘画技巧以外，还要培养学生的艺术鉴赏能力。初中美术教材中有很多关于美术鉴赏的内容，在教学过程中，如果学生只能通过看课本欣赏这些作品，那么学生的审美能力将很难得到提高。因此，教师要善于运用多媒体技术，生动地展示艺术作品，利用多媒体进行美术鉴赏。利用多媒体技术可以丰富课堂教学内容，将美的内涵通过图片、声音、影像呈现出来。教材内容是有限的，美术的学习仅仅依靠书本是远远不够的，因此教师要利用多媒体技术，将互联网中的素材与教材内容结合起来，并形象地展现在学生的面前，以开阔学生的视野。尤其在鉴赏课中，教材上列举的仅仅是一些代表性作品，学生学习起来会感到很枯燥，无法体会作品的魅力所在。利用多媒体教学，一方面可以调动学生的学习积极性，另一方面学生也可以欣赏更多相关的美术作品，体会更多作品的内涵，最终提升学生的美术鉴赏能力。在传统的美术教学中，教师大多是组织学生看课本，而教材内容是静止的，但是利用多媒体技术，就可以将这些静止的作品通过动态的影像资料展现出来，从不同的视角展示作品的特点以及创作的背景，让学生体会到作品所表达的美。

总之，在初中美术教学过程中，我们应当适应时代的发展，提高自身的认识水平，更新教学理念，不断调整自身的教学模式，努力完成美术教学目标，引导初中学生形成健康积极的艺术美感、扎实的美术知识、高雅的美术素养。

四、高校美育中存在的问题及改进措施

（一）高校美育中存在的问题

自1999年美育正式写入教育纲要以来，美育在学校教育中的地位得以确立，美育由此获得了良好的发展机遇，也取得了一些可喜成效。但是同时我们也应看到，尽管美育实施多年，但它依然游走于众多高校教学体系的边缘，不少学校美育基础薄弱，存有很多问题。

1.大学生对美育的了解不深

大学生普遍缺乏最基本的美育常识，很多大学生不明确甚至不清楚美育的含义。普遍认为美育是与美术有关的，美育是美术教育的简称而已；甚至还有一部分学生认为美育无非就是唱唱歌、跳跳舞，是一种娱乐活动；很多高校也只是把美育当作德育的附属部分。他们对德育、智育及体育的了解远比美育深刻。

2.一些大学生审美能力不足

由于美育在高校教育中没有健康地开展起来，同时当代大学生由于理论上的困惑和实践上的困窘，导致部分大学生审美能力欠缺，审美观念偏颇，审美境界低俗。"长期以来，高雅艺术一直难以走进大学校园，一些大学生醉心于各种流行文化，而在阅读和欣赏文学艺术作品时，不能从中获得心灵的陶冶和审美的愉悦等"，"很多学生审美情趣不高，以怪为美，以奇为美。盲目追赶时尚和潮流的同时忽视了心灵美、内在美的塑造"。

3.高校对美育重视不够

众多高校把美育放在可有可无的位置，或者只是把美育作为德育的一部分，因此高校美育方面的课程开设得比较"少"，且"散"而"乱"。目前，大部分高校美育课程建设工作严重滞后：大多数高校还没有将美育纳入课程体系；教材匮乏；师资力量薄弱，大多数高校没有专职的美育教师；经费投入严重不足，基

础设施落后,没有专门的实施美育所必需的场馆、设施;缺失科学的美术评价体系。

4.高校美育行动受冷落

大部分高校中,提及美育的都是停留在转发上级的指示上,在教学大纲中提及美育也是寥寥几字,另外的形式就是出现在高校教师对美育的研究成果中。由于美育在高校实际教育行动上没有得到重视,美育没有得到与智育、德育和体育一样的平衡发展的机会,表现在美育教师的严重贫乏,教材寥寥无几,相关经费匮乏。

5.教师的美育引导不多

令人欣慰的是,多数高校教师对中外美育理论是有一定了解的,还有不少教师在不同程度上探索美育的出路,但是我们应该承认的是,高校教师在教学艺术及美育方法方面仍存在较大的不足,在对大学生的审美联想、创造能力方面引导相对不足,美育就仅仅定格在了表面。

6.美育课程设置质量不高

在高校里面实施美育的重要方式就是开设美育课程,让美育进入寻常同学的课堂。在省内一些高校中,我发现美学相关专业都是在文学类学院开设,其他学院就有类似"人文科学概论""影视艺术欣赏"等与美育沾边的课程,很有鱼龙混杂的嫌疑,更没有哪个高校是把美学相关课程列为公共课的。目前高校美育方面的课程开设得比较"少"且"散"而"乱",且很多高校在这个问题上也只满足于"做了",至于"做得怎么样",很少去想,上级教育管理部门也不加考评和检查。从总体上看,我国高校美育还是有待提高的。

(二)高校加强美育的对策

高校承担着培养人才、服务社会、文化传承与创新等任务,在构建社会主义和谐社会中具有举足轻重的作用。高校美育工作对于促进我国实施素质教育和促进人的全面发展具有重要作用。为促进和谐校园的形成和学生的全面发展,以适应社会对人才的需求,必须进一步加强美育。

1.正确认识美育的作用

美育的本质在于理解自然和社会的美,理解人与人相互关系的美,在于以艺术的眼光来认识周围现实,也在于培养美的创造力。美育能够陶冶情操,开发智力,塑造健康的人格,提升学生的精神境界,对于促进学生全面发展具有不可替代的作用。要尽快改变学校美育工作薄弱的状况,将美育融入学校教育的全过程。要摒弃传统的观念，德育不等于美育。美育当然与德育有密切的联系，它们互相配合、互相渗透，但德育涵盖不了美育，它们的性质和社会功用都是有区别的。中外教育史都证明，一所学校如果十分重视美育和艺术教育，那么它所培育出来的学生总是更富有活力，更富有创造力，更富有进取精神。

2. 完善美育课程的设置与管理，建立科学的美育评价体系

建立规范、科学的美育课程教学体系是加强美育的关键。美育要渗透于教育的全过程，要在教学中全方位地渗透。要改变片面的和专业化教学的观念，不能简单地把美育看成是艺术教育，把美育看成是美学教育，而是要把美育看成是一个系统工程。应该从以下两个方面加强美育课程的合理设置：第一，虽然美育不等于艺术教育，艺术教育却是实施美育的主要途径，因此要加强艺术教育，完善美育课程的设置；第二，注重交叉学科的设置，努力体现美育对教育课程的全面渗透。同时，高校应逐步建立起能够促进学生素质全面发展的美育评价体系，强化美育的责任制度、评价标准、评价方式，形成实施美育的激励机制，不断完善和发展美育工作。高校应将学校美育的实施状况纳入到学校的教学评价体系中，促使教师转变教育观念，同时建立包括作业、测验、考试、民主评议、鉴定等诸多环节在内的学生美育考核机制，真正提高美育地位，全面实施素质教育。

3. 加强美育教师队伍建设

目前，高校美育的师资力量普遍比较薄弱，大多数院校专职的美育教师奇缺。建设一支结构合理、相对稳定的美育教师队伍是加强美育的关键。因此，各高校要根据学校自身师资和美育课程设置的需要，整合资源并有计划引进美育专职教师。美育专职教师，既要掌握美学基础知识，掌握审美的基本方法，又要了解艺术的一般规律。美育对学生的影响是潜移默化的、深远的，因此美育教师在传授专业知识的同时，还必须承担育人的责任。也就是说，美育教师还要有良好的道德素养，将自身的人格魅力融入美育的全过程，教会学生如何做人，如何欣赏美、鉴定美、创造美。

4. 加强大学生艺术社团的建设与管理，开展丰富多彩的校园文化活动

大学生艺术社团是高校校园文化的重要载体，在高校学生社团组织中具有示范和带动作用，是学校实施美育的重要途径和内容，是推进素质教育的重要方式。大学生艺术社团活动是学生丰富校园生活，培养兴趣爱好，参与学校活动，扩大求知领域，增加交友范围，丰富内心世界的重要方式。因此，必须重视高等学校学生艺术社团的建设，切实采取措施，加强高校学生艺术社团的建设与管

理。建立健全规章制度,规范完善管理办法;积极支持高校学生艺术社团开展活动;加强对学生艺术社团的指导力度;重视学生艺术社团骨干队伍建设;增加对学生艺术社团建设的投入;不断推动高校学生艺术社团的工作创新。

通过丰富多彩的学生艺术社团活动营造出良好的校园文化环境,让高雅的艺术生活和校园生活融为一体。通过对学生进行艺术的培养和熏陶,使之不断提高文化品位和能力,最大限度地影响到每一个人,促进学生的全面发展。

蔡元培曾说：“美育的基础立在学校。”在美育的普及问题上,大学生当下的美育状态不容乐观,学校有着不可推辞的责任。因此高校的决策者,应该充分地认识到美育对大学生培养的重要性,认真地看待美育教育中出现的问题,形成共识,处理好人才培养与教学发展的问题,及时把美育提升到与智育、德育和体育的高度,从方针和课标上确立美育的地位;加强美育的投入,解决美育师资匮乏、设备不足、制度建设等问题,打破美育实施的瓶颈;营造良好的校园文化,高校应有计划逐步完善具有高品位审美价值和教育意义的美育活动设施,要充分利用文化艺术设施开展积极的艺术熏陶和审美教育活动,把美育落实到课堂内外。

美育教育作为提升学生全面发展的重要教育方式,在当今的发展虽然有许多问题,但是只有正确的分析,合理的措施才能解决这些现状问题。虽然美育教育的现状发展不容乐观,但是要以足够的耐心去改变它、解决它,只有这样,才能正确地发挥美育教育的真正作用。

第五章

美育课程在学校实施的价值

第一节　高品质美育课程校本实施的共识

中共中央办公厅、国务院办公厅制定和颁布了《关于全面加强和改进新时代学校体育工作的意见》和《关于全面加强和改进新时代学校美育工作的意见》，并要求各地区各部门结合实际情况认真贯彻落实。《关于全面加强和改进新时代学校美育工作的意见》中强调，美是丰富精神世界的重要源泉。美育是对审美、情操以及心灵的教育，也是丰富想象力和培养创新意识的教育，美育不但能提升审美素养，还可以陶冶情操，温润心灵，激发创新力和创造活力。

一、明确国家意志——全面加强和改进新时代学校美育工作

《关于全面加强和改进新时代学校美育工作的意见》中提道，"学校必须要对课程和教材进行改进和完善，不断深化教育改革"。学校为贯彻落实习近平总书记关于教育的重要指示和全国教育大会精神，进一步强化学校美育育人的功能，构建德智体美劳全面培养的教育体系，全面加强和改进新时代学校美育工作，按照国家要求从以下几个方面推进。

（一）课程和教材体系完善

1. 树立学科融合理念

使美育与德育、智育、体育、劳动教育更好地融合在一起，充分挖掘和利用各学科蕴含的中华美育精神与民族审美特质的心灵美、礼乐美、语言美、行为美、科学美、秩序美、健康美、勤劳美、艺术美等丰富美育资源。整合相关学科中与美育有关的内容，推进课堂教学、社会实践和校园文化建设三者有机融合，开展以美育为主题的跨学科教学活动和生活实践活动。

2. 完善课程设置

随着新课程改革的不断落实，美育课程已经与各个科目进行融合，当前学校中的美育知识已经在数学、语文、音乐、美术、书法、舞蹈、戏剧、戏曲等

学科中开展，尤其是美术、音乐等学科以艺术为承载主体，对学生进行了美育知识的全面培养。根据学生不同的学习阶段将美育教育也分为不同的阶段深入其中，并开设适合的教育课程。学前教育阶段，根据幼儿身心特点开展一些与艺术相关的游戏活动；义务教育阶段，在保证音乐、美术、书法等基础美育课程开设的前提下，不断丰富学科内容，开设舞蹈、戏剧、影视等其他更深层次的艺术课程；高中阶段，开设多元化的艺术课程，增加艺术课程的可选择性；职业教育阶段，将艺术课程与专业课程相结合，注重生活实践，开设能够展现职业教育特点的艺术课程；高等教育阶段，以培养审美和提升人文素养为开设课程的核心，以培养创新能力为课程重点，以继承和发展中华优秀传统文化和艺术经典教育为课程主要内容。

3. 科学定位课程目标

构建大中小幼各教育阶段相互呼应的美育课程体系，在各个阶段，各种类型的学校在美育课程学习上设立明确的教学目标。学前教育阶段，应该引导学生养成善良美好的心灵和珍惜美好事物的意识；义务教育阶段，重点培养学生的艺术兴趣和创新意识，使学生养成健康向上的审美水平和格调，帮助学生学习和掌握部分艺术特长；高中教育阶段，举办更多的审美活动，丰富学生的审美体验，开阔学生的视野，培养学生养成积极向上的审美和文化观念；职业教育阶段，加强艺术实践活动，使学生在成为高素质技术人才的同时相应提高学生的审美修养。高等教育阶段，强化学生文化主体意识，培养具有高尚审美追求和人格修养的高质量人才。

4. 加强教材体系建设

在教材编写过程中，始终坚持马克思主义的指导地位，国内和国外的优秀文化相结合，展现出国家和民族的基本价值观以及弘扬中华美育的精神文明，将民族文化的思想性、民族性、创新性、实践性充分表达出来。将课程设立的目标与学生的年龄结构和身心成长规律相结合，精心选择教学素材，不断丰富教学内容。中学美育教材在通过规定审核后才能使用，不断推进大中小学美育教材的统一化建设，重视教材纵向衔接，实现主线贯穿、循序渐进的教学体系。高校要承担美育教材的编撰任务，做好教材研究、编撰、使用等工作，探索构建以美学和艺术史论类、艺术鉴赏类、艺术实践类为主体的中学公共艺术课程教材体系。

（二）全面深化教学改革

1.开齐开足上好美育课

学校严格落实关于开设美育课程的硬性要求,不断拓宽课程领域,增加学时,丰富课堂内容。初中阶段的学习,学校严格按照国家关于美育教育的要求和标准,开设相关课程。

2.深化教学改革

逐渐完善"艺术基础知识基本技能＋艺术审美体验＋艺术专项特长"的教学模式,以学生掌握必备的知识和技能为基础,不断提高学生的文化理解、审美感知、艺术表现、创意实践等核心素养,帮助学生挖掘艺术特长。成立中学美育教学指导委员会,培养从事美育教育工作的专业教师,搭建美育教育实践基地,开发美育课程优质资源,建设发扬和传承中华优秀传统文化的学校和实践基地,创作并推广原创精品文化,以大爱之心育莘莘学子,以大美之艺绘传世之作,努力使新时代青少年的心灵、形象、语言、行为变得更加美好。

3.丰富艺术实践活动

建立面向全体初中学生的艺术表演机制,举办涉及全体中学生的合唱、合奏、集体舞、课本剧等实践活动,推广艺术实践工作坊、博物馆、非遗展示场馆等发扬传统艺术文化的场所,开展以班级、年级、校级为单位的交流学习活动。条件允许的地区可以每年为初中学校的学生举办专项艺术展览活动,以三年为周期组织开展省级初中学生综合性的艺术展演。在学校推广和建设国家级示范性的学生艺术团体,挑选优秀的学生艺术团体参加国家重大表演活动,不断继承和发扬中华优秀传统文化、革命文化、社会主义先进文化。

4.推进评价改革

将中学音乐、美术、书法等艺术类课程以及学校组织的与艺术相关的实践活动纳入学生的学业要求,探索艺术类课程在初中学生学业考核所占的比例。《关于全面加强和改进新时代学校美育工作的意见》中提道,要全面对中学学生进行艺术素质考核,将考核结果纳入初中学生综合素质评价标准。探索将艺术类学科纳入中考考试范围及纳入高中阶段学校考试招生录取计分科目的可行度,根据学科教学要求设定考试内容,利用现代化的考核标准从客观上构建公正的评价体系。

5.加快艺术学科创新发展

专业的艺术教育要坚持以一流的教学水平和培养优秀的学生为目标,逐渐完善学科专业布局，建设多元化、高水平并且具有特色的中国艺术学科教学体系，在高校开设国家级一流艺术类专业，开辟新型艺术人才培养机制，提高艺术类人才的培养能力。艺术师范类院校以培养高素质、专业化、创新型的教师团队为根本目标，坚定教学方向、坚守学校本质、坚持教学需求、加强教学实践，构建协同育人机制。鼓励艺术教师进行互聘和交流，鼓励条件允许的地区组建高水平的艺术教育创新团队，将美学、艺术学、教育学等教育资源整合在一起，逐渐提高美育教育的基础建设。

从以上政策要求中，我们不难发现，国家对于学校开展美育教育非常重视，这也为学校开展美育课程奠定了基础。

二、明确美育价值——美育是教育关注人的全面发展的重要组成部分

美育主要指审美教育，也可以理解为心灵教育与情操教育，它有提高审美素质的作用，对人的影响较大，既能提升气质、增加趣味，又能陶冶情操、开阔胸襟。美育、德育、体育及智育四者之间是互相联系、彼此影响的，是全面教育的核心，有助于提高人的综合素质。

2016年《中国学生发展核心素养》成功出版。这项科研成果耗时三年时间，是百余名高校专家的智慧结晶，主要阐述了三方面内容，即终身发展的能力、关键能力以及必备品格。本项研究成果主张将"全面发展的人"作为发展目标，全面发展又包括社会参与、文化基础和自主发展等三部分内容，同时涵盖六大素养，即实践创新、人文底蕴、责任担当、学会学习、科学精神以及自主发展；另外，具体细化的要点共有十八个，审美情趣就是其中之一，它是人文素养的重要内容，可见美育对人全面发展有积极的推动作用。

三、明确美育路径——各级各类学校开足开齐美育课程

学校实施教育的主要方式是课程，美育教育也不例外。美育课程体系的目标是培养初中生审美意识和审美兴趣，旨在帮助初中生树立正确的审美价值观，鼓励学生感知美、发现美、创造美及欣赏美。党的十八大对美学教育做了重要的指示，国务院也在2015年出台《有关统一加强和创新校园审美工作的意见》即《意见》，特别强调统一加强和创新校园美育工作。3年后，全国有很多中学积极开展美育教育，并设立美育教育课程。《意见》重点强调在义务教育时期，中学在开展美育课程的过程中要重视对初中生艺术兴趣的培养，教授相应

的技能与知识，提升艺术想象力，增强创新能力，帮助初中生发展艺术特长，丰富审美内涵，即审美理想、审美趣味以及审美格调。《意见》重新解释了美育，并赋予美育以重要的地位，主要面向初中生，旨在推动初中生的美育课程建设。

四、明确学校美育重点——"国家课程校本化"的实施

教书育人是教育的根本目标，教师工作是研究运用哪些有效的手段提高教学效益，更好地教书育人，更快地达到目标。《新课程标准》提出国家课程校本化，鼓励各地各校根据国家课程标准研发校本课程，我的理解这是将设置课程权限达到各地各校，旨在调动各地各校的积极性，让更多的人投入到课程建设中来。我们要搞好国家课程校本化，最主要的一点就是打破自己守旧的思想。社会的进步最先体现在意识形态，没有思想的进一步解放，也是搞不好校本课程建设的。国家课程校本化是课程改革解放思想成功的例子，它是最有活力、最有创新的举措。

校本课程的开发是教育迎接新挑战的一种回应，是贯彻落实中央《决定》，实施素质教育对学校提出的必然要求，是学校充分发展办学优势和特色，积极参与国家创新工程，贯彻落实国家的教育方针，促使学生和谐发展继而推动社会的发展，培养和造就"创造新世纪的人"的一项基本建设。目标指向明确、内容多样、课程设置灵活的校本课程能使学生在掌握国家课程规定的基础知识、基本技能的同时，引导学生在众多的课程的选择中得到个性发展的及时补偿，在选择中发现潜在能力的火花，在选择中培养学生的信息采集和加工的能力，学会学习，使学生在课程的自主选择和个性化知识的掌握过程中形成更多更广泛的能力，更好地认识学习的价值，塑造健全的人格，学会生存。这些，正是校本课程开发的意义所在。

五、明确美育目标——提高初中生的综合素质

地方政府根据《关于全面加强和改进学校美育工作的实施意见》，相继对区域美育工作进行了明确定位。

美育教育的核心作用是育人，将提高初中生的综合素质作为发展目标，依据《关于全面加强和改进学校美育工作的实施意见》，在黑龙江省政府的支持下，结合《有关统一加强和创新美育工作的实施意见》，积极开展美育课程建设，构建科学合理的美育课程体系，统一安排中学美育资源。黑龙江省在《关于全

面加强和改进学校美育工作的实施意见》中强调美育教育要从以下几方面入手。

（一）加强美育课程建设

1.科学定位美育课程目标

艺术课程是初中建设美育课程的核心部分,同时要结合并渗透到所有学科,将学习美育基础知识划为重点内容,提升美育课程的综合性并强化实践活动的具体内容,围绕审美及培养学生的人文素养展开教学,注重培养学生的想象力及创新能力,将初级中学的美育课程目标科学定位,为了帮助学生将来追寻其人生理想,加强培养学生的感受、表现、创新、鉴赏的能力,以此目标展开美育教育。

在初中进行美育教育时需要根据学生的身心发展规律及特征展开相应教学,可以举办各种实践活动来培养学生的健康心理,培养学生发现美、创造美的能力,从而有助于学生健康发展。初级中学在设计美育课程时要以调动学生对艺术的兴趣为重点,在课堂上指引学生掌握一定要具备的基本知识与技能,培养其想象力及创新能力,发掘学生于某一方面的优势或兴趣,帮助其形成艺术特长或爱好,并对学生的审美趣味、格调与理想加以培养。另外,初中美育课程除了要达成学生对艺术特长或爱好的发展需求,还要将多元化的课程特点表现出来,使学生的审美体验更加多样化,观察、思考与处理问题的领域不断扩大。要着重培养学生的特长与兴趣,发现学生艺术方面潜在能力,加强艺术实践活动的具体内容,培养学生的艺术技能与审美修养,为其将来深入学习艺术方面的知识打好基础。初中开展美育课程时还需要与校内的有关学科相结合,并依靠本地的优良教育资源,改革创新授课的内容与模式,帮助并指引学生优化品格素养,让学生树立较强的文化主体意识与创新意识,让学生认识到延续中华文化艺术并将其发扬光大的必要性,从而加强学生于此方面的责任心。

2.开设丰富优质的美育课程

音乐课程及美术课程是初中阶段重点开展的两项美育课程,初级中学需要根据课程设置方案、教学指导纲要及相应的规定将美育课程建设齐全,并且要尤其注重课程品质,经由学科课程开展美育教育。注重进行艺术经典方面的教育,结合学校的优势与特征钻研设计出具有地方特色的美育校本课程,并将开展美育教育的教学方式设计成以艺术教育为核心、将课内外相结合、做好校内教育的衔接,促进每个学生全面发展,推动美育校本课程的研发建设。学校应针对美育课程安排必修课和选修课,尤其需要引起注意的是,要合理、有针对性地建设并完善美育课程，学校要严格遵守课程规范，确保美育课程的品质，不允许其余学科的课程占用美育课程时长。初级中学在设立基本的音乐课程及美术课程后，需要创造条件增添舞蹈、戏剧、戏曲方面的美育拓展选修课程，还可以设立以培养学生艺术鉴赏能力为核心的艺术实践、艺术史论、艺术批评等方面的任意性拓展选修课程，对学生进行多方面的美育教育。综上所述，初级中学需要着重培养学生的艺术能力，强化美育课程的开设及教育力度，基于学校的优势与特征开设具备地方特色的美育校本课程。

3. 实施美育实践活动的课程化管理

开设美育课程的过程中最关键的一项内容便是美育实践活动，因此初级中学要将此归入教学计划中，并执行课程化管理，建设学生参与课程外活动的记录体系，如社区文化艺术活动、学习中华民族艺术活动、鉴赏艺术演出活动、参与观赏艺术展览活动等，学生参与的状况及表现都属于测试并评定其艺术素养的关键内容。学校在开展美育实践活动时需要按照学生的感知能力及心理特征，结合其在校园的日常生活，设计出具备校园特点及学生特色的现代化美育活动。学校可以通过建设与戏曲、戏剧、民族舞、剪纸、书法等中华传统民族文化艺术有关的艺术社团或艺术小组，作为校园特色同时传扬中华文化艺术。另外，学校还可以与其他艺术院校进行合作，建立学生舞蹈团联盟、乐团联盟、合唱团联盟，以培养学生的艺术素养、艺术熏陶能力，并作为提高学校及社团艺术文化的主要平台。初级中学可以由教师在班级中组织学生参加合唱团、集体舞、歌舞剧等美育活动，并且各地区每年都需要对管理范围内的初级中学展开艺术品质测试，规定时间举办艺术表演活动，其中，学校中的教师不允许带领学生参与营利性的艺术比赛、商业演出、商业庆典等活动。各地区需要建设美育工作基地校评选体系，以调动初级中学开展美育教学的积极性。

（二）大力改进美育教育教学

1. 深化初中美育教学改革

各地区的教育部门及初级中学需要建设相应的管理规定及工作体制，以加强学校美育教育方面的教学品质，积极提倡教师结合当地的真实状况设计出新型的美育教学方法，以简易方便、合理有效、极具特点的美育教学方式提升初级中学美育教育方面的教学品质。发掘、应用各地区的民族美育资源与国际进行交流及合作，建设综合性美育平台，扩大学校展开美育教育的规模。各地区的教育部门需要依靠所拥有的教育资源，推动初级中学建立美育实践基地，获取进行美育综合改革之后的重要成效，并起到扩散影响的作用，促进地区内初级中学美育教育的开展。初级中学在开设美育课程之前需要根据国家设定的标准、课程规范与具体内容进行，将美育教育的相关工作贯彻到实际教学中，并随着社会文化的不断开展革新教学方案。

2. 加强美育的渗透与融合

在学校教育的过程中将美育教育贯彻落实到方方面面，与其他学科结合并渗透，将美育与德、智、体、劳四方面及其他学科与实践活动相结合，发掘出蕴藏在各学科中的美育资源，将人文学科起到的美育作用全面体现出来，并进一步探索发现自然学科能够起到的美育作用。积极组织围绕美育教育开展的跨学科教学及课后校外的相关实践活动，融合各学科中的美育资源并体现出不同教师的自身作用，以美育教育为核心，联合教育、宣传、文化等部门，建设艺术团体长效合作体系。

3. 创新艺术人才培养模式

初级中学在展开美育教育的过程中需要重视内涵式发展，将学校的办学特点展现出来，开设的美育课程也应贴合实际情况、学科建设及艺术前沿，创新优化艺术人才培养模式，顺应社会的发展，培养出艺术素养良好的艺术人才。将美育教育与思想政治教育相结合，同时兼顾美育课程教学与文化课程教学，帮助学生全面发展，培养出高素质、文化底蕴深厚、德才兼备的艺术人才。

4. 建立美育网络资源共享平台

基于国家执行"宽带中国"的背景下，初级中学应将发达的信息化方式加以应用，在全国范围内加强美育资源的覆盖程度，推动打造美育资源网络平台，尤其要帮助偏远地区、贫困地区初级中学教学点进行美育网络资源的覆盖，提倡美育教师将美育资源利用多媒体远程教学设备传输给偏远地区的初级中学。积极联合社会各界一同合力打造美育资源网络平台，研发设计出与初中学校教学课本配套的美育课程数字教育资源，在美育教学中广泛运用信息化技术，打造校与校、地区与地区之间可以实现共享的美育教育资源体系，并发布一系列高品质的美育教学资源。积极提倡初级中学在"互联网+"的发展背景下，革新美育课程的教学方法与教学模式，建立互联网美育课程学习平台。

5. 加强美育教研科研工作

各地区的教育部门应对初级中学美育教研团队的建设工作予以重视，建设教研员准入机制，按照标准实施考核，建设地区的美育中心教研协作体系，将美育教学研究过程中学科领头者具有的价值体现出来，提高美育教学品质同时推动美育教学的开展。初级中学应将资源整理结合，加强创新意识，进一步对学校美育教育的革新展开相应的研究，并在各地区的教研部门安排专业的美育教研员，给予美育教研充足的支持，打造良好的教研环境。

（三）综合统筹学校与社会美育资源

1.采取有力措施配齐美育教师

各地区的教育部门与初级中学应对美育教育工作中的关键内容——师资团队予以重视，竭力将美育教师团队打造成具有职业道德、专业知识充沛、布局恰当的高素养团队，需要基于美育课程的建设需求提升建设公共艺术教师团队的速度。各地区在处理初中学校缺少美育教师这方面需要实施有效的对策，贯彻倡导乡村教师积极发展的有关规定，建设农村初级中学美育教师添补体系，关键用于为偏远地区、贫困地区、农村地区、民族地区初中学校添补美育教师，并实施美育教师轮流换岗机制，积极倡导城市初级中学的美育教师到农村初中展开交换教学。美育教师享有与其余学科教师相同的待遇，包括职务评定、福利、研习、培训等方面，且美育教师参与学校组织的美育实践活动进行帮助与指导要算进工时中。

2.通过多种途径提高美育师资整体素质

各地区需要主动研究建设初级中学与政府、艺术企业一同培养美育教师的全新制度，将培养、培训、研究结合为一体，以提升各地区初级中学美育教师团队的整体能力。建立各学校间相互交流的美育协作区，校方予以支持，推动美育教师团队的综合发展。调动美育教师的积极性，积极参与美育课程的设立与革新，鼓励教师之间联合研发美育课程，提倡与不同学科进行合作。完善三代教师传帮带与新老教师间的互相学习、互相帮助的相关制度，各地区的教育部门应建立美育教师沟通培训平台，促进美育教师之间展开学习及经验交流，强化对美育教师的培训力度。另外，要重视初级中学教师国培计划中美育教师的培训，尤其是对乡村美育教师需要展开更强有力的培训，推动发展农村美育教师的多样化培训模式。

3.整合各方资源充实美育教学力量

各地区的教育部门应与文化部门和有关单位一同合作，邀请优秀的艺术工作者加入到艺术支教志愿项目中，积极提倡各校美育优秀教师、艺术教育专家、艺术院团专家进入初级中学进行一段时间的美育教学；进一步研究建立美育教学联盟、艺术工作者支教联盟，继而建造农村美育支教平台；积极倡导各类艺术团体到初级中学举办校园实践活动，聘请艺术专家在学校中开办美育教育讲座；邀请艺术家及民间艺人在学校中进行艺术表演，并解答学生在表演结束后提出的各种问题。

第二节 高品质美育课程校本实施的落实

用课程理解范式理论分析学校美育教育，可以更好地对美育教育的现状进行分析，将美的元素渗透其中。而要想全面推进美育课程校本的实施，就需要对现有的教学方式进行改变，实现美育核心课程的育人价值。

一、高品质美育课程校本落实的原则

（一）立美与审美的同一原则

教师作为开展美育校本课程中的美学家，在设计教学时应从始至终根据学生的年龄特点来满足学生作为审美者的需求。教师在教学过程中，应与学生融为一体，和学生一起来感受美。教师要运用美的元素来引导学生进入审美情境，而不是强加给学生自己的审美经验，同时也不能约束学生已有的审美经验。要做到师生能够在同一时间、同一空间中发现美、欣赏美、创造美。

（二）手段与目标的统一原则

有很多手段能够实现课堂教学审美化，但教师在使用时要注意手段和目标的统一，不应以营造优美的氛围而过分追求形式美，从而偏离了教学的重点和难点。尤其是在以理性为主体的教材中，所包含的美的元素并不鲜明，有些内容也不适合设计审美活动。我们可以直接围绕目标教学，使学习效率提高。

（三）普及与提高的统一原则

"大美育"注重培养学生的审美综合能力。因此，在教学中，特别是在音乐、美术等显性美育的校本课程中，不应直接让学生学习知识技能，而应让学生更多地参与到审美活动中，获得美的感受。针对学习成绩或学习能力突出的学生，要布置专门的学习任务，使他们的审美素质得到更快的提高和发展。

二、高品质美育课程校本的课堂落实策略

（一）美育核心课程的教学案例分析

用课程理解范式理论分析学校美育教育，可以更好地对美育教育的现状进行分析，将美的元素渗透其中。而要想全面推进美育课程校本的实施，就需要对现有的教学方式进行改变，实现美育核心课程的育人价值。以下将美术学科作为案例，进行美育核心课程实践分析。

1.课程定位

结合学校教育哲学以及美育校本课程实施的目标，我们需要对美术学科的育人功能进行定位，提高美术学科的通识性，减少美术课程的功利性，探究与美术学科相符的教学方式和评价方式，让美育教育回归本源，实现美术教育立德树人的功能。

2.课程内容

需要围绕美术学科的美育教育目标，对立德树人的任务进行落实，对优秀的传统文化进行弘扬，让学生的民族自信得到提升。教师可以依托美术教材中蕴含的民间美术资源，通过国画、版画等教学内容，将美育艺术表现出来。此外，在美术教学的过程中，教师还可将民间艺术元素与美术学习项目进行结合，创设主题活动。

3.教学案例《中国古代书画（一）》

（1）教学目标

知识能力目标：对王羲之、欧阳询、颜真卿、柳公权等书法画家进行了解，并对汉字、绘画起源和演变等进行了解。

情感、态度、价值观目标：通过对教材知识的学习，了解我国古代多姿多彩的艺术，让学生欣赏美、发现美、鉴赏美的能力得到培养，丰富学生的人生观和价值观。

（2）教学准备

集体的备课资料和意见；课程教学所需要的书画作品资料。

（3）教学过程

第一，了解什么是艺术，包括绘画艺术、雕塑艺术、戏曲艺术、文学艺术等；第二，了解中国古代的书法艺术，包括商周、秦汉、魏晋南北朝、唐代等时期的中国书法艺术，让学生对民族美感进行深入体会；第三，对中国古代绘画的起源和发展进行分析，以各个时期的经典作品为引导，对学生的鉴赏能力进行

培养，让学生对具体的作品进行点评，如对《清明上河图》进行鉴赏点评，让学生进行现场才艺展示。

（4）教学评价

通过引导学生对具体的美术作品进行鉴赏，让学生的观察能力得到提升，然后通过才艺展示的方式对学生进行锻炼。让学生知晓欣赏美、发现美、鉴赏美的过程不只限制于课堂。

（二）美育渗透课程的教学案例分析

1. 成立专门的美育教学策略实施小组

为了创设高品质的美育校本课程，学校必须要制定具有实效性的教学策略，这就突出了创设美育教学策略实施小组的重要性。小组成员可包括校长、副校长、主任、教研组长、骨干教师等。研究小组的成员要相对成熟，教龄的分布要合理。根据中学生对美育知识的需求，小组成员的学历要在本科以上，教龄要在 5 年以上，具有一定的美育理论知识教学经验。

2. 形成美育教学策略

结合实际的教学情况形成美育教学策略后，需要组织老师一起进行讨论，根据自身的教学情况对策略的内涵和表述进行修改，最终形成了符合本校学生发展的美育教学策略，具体如下表所示。

分类	教学指向	教学策略	内涵解释
醇厚	教学目标与内容处理	相映成趣	教学目标的三个维度相互映衬、互相衬托，显得很有人文情趣。
醇厚	教学目标与内容处理	浑然一体	多维教学目标是一个整体，可以是学科整体，也可以是单元整体或目标整体。
		博采众长	教学内容的处理应注重学科整合，特别是多学科整合，即"博采众长"。
温暖	师生关系、课堂氛围与文化	如沐春风	教师应创设美好的情境，让学生沉浸在美好的氛围中，心情愉悦地学习。
		亲密无间	建立民主、平等、亲密的师生关系。
		和颜悦色	教师应和蔼可亲，给学生们安全的感觉。

沉浸	教学主体的表现、学习的样态、课堂的整体样态	赏心悦目	教师的教态与资源的呈现让学生们心情舒畅。
		引人入胜	以真切的情境把学生引入到课堂教学的优美境界。
		乐此不疲	学习任务的设计应符合初中学生年龄特征与认知规律，让学生乐在其中。
缤纷	教学过程、教学方法与教学评价	举一反三	在教学中精选例子，形成正迁移，培养学生创新意识和触类旁通的思维能力。
		百家争鸣	教学中允许学生质疑问难，发表不同意见，形成共识。
		色彩斑斓	多样化的评价手段、策略和方法。
涟漪	教学的结果与成效	意犹未尽	课堂教学给学生们留有回味的空间，激发探究的欲望。
		浮想联翩	课堂教学应促进学生的想象力发展和思维水平的提升。
		由表及里	课堂教学不应局限于知识的表层，而应由表及里，进入学科育人的本质。

3. 举一反三教学案例（《端午节》）

《端午节》是八年级美术的教学内容，主要的教学目标就是让学生了解端午节的来历、故事以及相关活动，让学生初步感受民风、风俗和民族传统文化，激发学生的爱国情怀。在实施"举一反三"教学策略的过程中，教师需要以创造力的培养作为审美点，激发学生学习的积极性。其一是要对教材的课程标准的要求进行精准的把握，将核心概念融入其中；其二，给学生提供实践和思考的平台，如准备好包粽子的小材料，让学生实际去体验包粽子的过程；其三，要把控好教学的深度和难度，要在学生学习情况、学习能力以及年龄特点的基础上设置教学任务，教学任务切不可超出学生的"最近发展区"。在"举一反三"的教学过程中，教师需要随时对学生的学习状态进行观察，如果发现教师所举的"一"无法让学生了解，就要继续举"二"或者"三"，直到学生彻底了解。

（三）美育活动课程案例分析

在高品质美育课程校本落实的过程中，活动课程的设置非常重要，在实践活动中更有利于培养学生对美的感知，为学生欣赏美、表达美创设平台。

1."寻美旅程"的活动案例

"寻美旅程"是一种以社会实践考察为主的学习方式，包括传统文化、民俗节日、社会主义核心价值观等内容的学习，活动的地址可以是社区、家庭、校园等场所，旨在让学生在不同的场所中发现社会主义特色文化的美。多校开展了"寻年味""找传统美德"等活动。

2.主题节活动案例

为了将美育活动融合到学生的日常学习和生活中，各校设置了多样化的主题节常规活动，如节假日组织开展"民俗节"活动，定期开展"书写节""读书节""健康节"等活动。这些主题节活动的开展，必须要遵循美的原则，紧紧围绕美育活动的目标展开。

三、美育校本课程资源的建设

（一）环境资源建设

突出美的要素与美育校本课程互动是环境资源建设的关键。当环境与课程内容联合起来时，环境就成为无形的课程，也起着教育的作用。

1.挖掘学校原有环境建设资源

本文在写作的过程中，对多所学校进行实际考察，结果发现一些学校为了落实美育教育，学校原有的"涂鸦墙"已经消失，建设了暑假"创作涂鸦墙"。在涂鸦墙的正上方，带来了一幅幅饱含故事的世界涂鸦大师的作品。而学生可以在涂鸦墙上随心所欲进行创造，激发了学生的创造性思维。

2.与学校特色课程内容相结合

在素质教育的要求下，音乐、美术等课程开始得到全面的发展，为了响应素质教学的需求，落实美育教育，以这些特色课程为基础，进行美育课程氛围的构建。如在教学楼中设置了"琴韵""棋道""墨香""画趣"四个主题教育走廊，让学生感受民族艺术之美。在教学辅楼新修魅力汉字活动室，配有山水洗墨池、汉字浮雕墙、弟子规、三字经条板，旨在通过民俗书法、篆刻、经典诵读等实践活动，让学生不仅体会汉字美，还能习得中华民族传统美德及传统习俗；新修民乐演绎室，内设民乐体验区、艺术大舞台，通过二胡、琵琶、古筝、笙等民族乐器的传习，让学生感受吹、拉、弹、打的艺术，通过大乐队的合作，体会集体劳动的魅力；新修美劳创意室，添加了智能电视机、各类版画机，引导学生在版画等民间艺术实践活动及生活创意设计游戏中感悟艺术美、科技美。

3.因地制宜地拓宽活动场所

针对校园环境及地理位置来进行设计和规划，以保证美育校本课程的实施，增强校园环境建设的美感和实用性。为了落实美育课程，学校经过多方讨论，对操场进行综合改造，以提高学校固定场地的利用率。根据学校足球课程的需要，建设了一个人造草坪的非标准足球场，并在一旁建了半个篮球场，随后还建造了一条健身小道和花坛。用沥青路代替原来的砖块路，并增设跳、踢、拍等体育场地。增加了课程实施的空间。在课程资源建设中，环境资源是最重要的。它提供了一个展示课程特色与成果的场所，通过合理利用场所来实现教学的目的。

（二）校本教材实施资源建设

教师作为课程的开发者、执行者和完善者，是课程实施的重要保障。通过对学校三年内的发展情况进行分析可知，在美育课程发展以来，学校一直注重师资队伍的完善，教师"以美施教"的自我修养体系十分成熟，使教师更好地掌握以下三种规律：即教育规律、美育规律和创新人才的培养规律。每学年学校为了不断提高教师的审美素质和人文素质，都会针对魅力教师的人文素质、艺术素养、专业素质等方面，设计相关的自我修养活动。

1.美育理论校本研读读本的编写

经过调查发现，学校美育教学师资力量随着老教师的退休、发展期教师的增多而出现了断层。这些处于发展期的教师还没有认识到学校美育品牌建设的重要性，没有好的方法和能力进行学校美育品牌的建设，阻碍了学校办学特色的深入发展；同时，教师对美育的含义、中学教育中美育的内容、方法和途径等方面还缺乏认识和理解，制约了教师对美育目标、课堂教学和评价标准等方面的研究。所以，在学校开展美育课程的过程中，完成对中学美育理论校本读本的编写，全面修订该书各部分的内容，并为该书撰写成稿是非常有必要的。

学校科研室组织骨干教师搜索摘录所有与美育相关的内容，进行整理后，以条目形式呈现，共形成 73 个内容，分为三个部分：美与美学，美育的价值，美育的内容、方式和方法。科研室根据教师提供的相关内容，将骨干教师分为三组，解读了这些项目的内涵，并编写了每模块的前言。

为了提高新入职的教师对美育理论的理解与认识，学校科研室组织教龄在

5 年以内的教师，多方搜集美育名言。在这些名言整理之后，按照上文提到的美育条目进行分类，形成名家论美的内容。在专家的指导下，学校的校本读物《新美育 80 条》终于完成。教师的学习成果凝聚在这薄薄的一本中。经过此次实践学习使教师对美育的认识更加深刻。随后，学校组织了一次培训，解读了新美育的 80 条条目，并就美是主观的还是客观的进行了辩论。这种理论修养活动更加生动、具体、易于接受，使教师能够更好地实施美育校本课程。

2. 美育自培实践体验活动的设计

教师实施美育校本课程是以美育理论知识为标准和方向的，教师实施美育校本课程的实践保障是美育素养的提高。从审美课程的课程目标来看，教师还需要具备审美感知、审美鉴赏、审美创造能力。

为了提高教师对艺术的感知和鉴赏力，学校举办了教职员工联谊活动、艺术鉴赏讲座、主题观摩等活动。美术系列音乐系列交错出现在各个学期当中。在每学年学校都会组织老师参观艺术展览、博物馆或艺术宫，观看音乐会、话剧或舞剧。在每学期都会设计审美实践活动。如 2017 学年上学期，学校开展玻璃艺术修养活动，9 月份举办凡·高画展魔术色彩搭配讲座，1 月份，举办了玻璃艺术作品展颁奖活动。

通过开展此类活动，使学校教师进一步认识了美育校本课程建设与实施的重要性，体会到美对学生心灵和思想内在和外在的吸引力，而培养学生的审美能力有助于促进学生德、智、体、美、劳的全面发展，不但提高学生的审美能力，还对学生的观察、理解、高级思维能力有着积极的影响。开展美育教育并不局限于学校的美术课程。美育课堂有效提高了老师与学生教与学的水平，课堂将呈现出更多的生活气息和美好元素，教师更好地引领了学生的审美实践。

（三）教师资源建设

1. 建立形式多样的自培机制

在构建美育课程的过程中，教师的素养对教育起着关键性的影响。整体来说，学校目前缺少美育教育的专业教师，这直接制约了学校美育核心课程品质的提升。通过对美育校本课程实施的成效进行分析发现，学校有必要建立形式多样的自培机制，加大师资自培力度。这样的自培应分为艺术教师和学科教师两类进行。本校切实地从自身的发展情况出发，构建了培训机制，对教师进行多样化的培训，致力于培养教师的审美素养，为美育教育奠定基础。

2. 提升艺术教师的审美素养

第一，提升艺术教师的审美素养，对艺术教师的培训可以通过以下几个途径进行：一是送培，根据学校美育校本课程建设需要，鼓励艺术教师参与相关艺术专业学习，如鼓励美术教师参加版画和国画专业学习；支持音乐老师参加市区组织的各类音乐体验活动等。二是项目自培，即让学校艺术教师参与到相关项目研究中，在实际探索中提高自身的审美素养。

第二，提升学科教师的审美素养，除艺术教师外，学科教师是美育渗透课程和美育活动课程的实施者，要胜任上述课程，教师同样需要拥有一定的审美需要，因此学校要建立自培机制，提升学科教师的审美素养，建议从人文素养、艺术修养、专业素养三方面入手。人文素养的提升包含两方面内容：一是注重礼仪习惯培养，凸显为人师表；二是注重阅读习惯培养，提升文化底蕴。艺术修养的提升以教工社团活动、艺术欣赏讲座、主题观摩活动为载体，增加教师在音乐、美术方面的感知力及鉴赏力。专业素养的提升分为基础性培训与发展性培训。学校可以根据不同阶段教师的需求，确定学习内容，制定学习计划。

3. 拓展教师的知识结构

美育校本课程的实施往往需要教师拥有跨学科的知识体系，然而不论是艺术教师，还是学科教师现有知识相对来说较单一，主要掌握的是本学科的知识体系，因此需要通过培训、组织教师自我学习、加大不同人群的教学体验分享活动等途径，有效拓展和丰富教师的知识结构。其中加大不同人群的教学体验分享活动指邀请家长、学生、社会专业人士参与到教育教学活动中，形成有机联系的教学共同体，这样才能使美育校本课程更立体、更丰富。如苹果手机从外观到内部核心技术通过跨界融合后提升了自身的品质，并受到人们的喜爱。

四、美育课程以学科课程为载体的落实策略

（一）美育课程在学科课程中落实的基础条件

1. 以实现积淀审美经验、提升审美素养为美育目的

随着素质教育的不断实施，美育知识开始融合到语文、数学、英语、化学、地理、物理等学科中，将各个学科的教育目标实现与美育教育进行统一。初中的很多教学科目中都蕴含着美学因素，这就需要学科的教学目标与美育教育进行统一。在各个学科的学习过程中，最主要的就是将学生学习到的知识以及经验转换到审美上去，加强学生审美素养的提升。

在设立的各个学科渗入美育知识，让学生和学科知识的本身之间形成一种"做、受"平衡的审美关系，让学生在这种动态的平衡关系中提升审美的素养，积淀自身的审美经验。美国实用主义哲学的重要代表人物杜威认为美育的实质就是不断地让人获得并且积累清晰又强烈的完满经验，即审美经验。这种清晰完满的经验是每个个体在充满张力和冲突的环境之中，通过感知力、智慧调控和把握经验中各要素的关系和结构，让"做、受"关系达到暂时的平衡而获得的。完满对于前一个过程是一个结果，但是又为下一个过程打下了基础，是相对的。因此，每个个体的审美经验就是在"寻找平衡、维持平衡、打破平衡、寻找新平衡"中不断积累的过程中所积累下来的。审美经验和日常经验中存在着天然的联系，在各个学科知识的学习过程中，引导学生将在学习课程中得到的劳动成果转换成实践的技能以及生活的常识，并且将转换成的实践技能和生活常识结合到人与人之间的情感、价值观、道德等等，达到某一种和谐平衡的关系，从而获得审美经验，提升审美素养且培养了审美人格。因此，在结合学科课程中以知识为主的特性之后，在学科课程中渗透美育，主要就是以累积审美经验和提升审美素养为美育目的的。

2. 以渗透领悟的方式为美育方法

学科中各个课程都是以知识积累、思维训练为主，可当其与人的情感、价值等相结合之后，以培养审美人行为灵魂时，就是在进行美育了，美育就是在各个学科中通过渗透的方式实现的。把美育的原则和方法渗透到所学课程的教学课程之中，让整个教学过程都充满舒服的学习气氛，并在对学习的课程中所蕴含的美的形式以及美的观念加以引导。具体而言，在学科教学的情景导入、新课传授、课堂讨论等等的学习过程当中渗透美育的精神实质。可以在授课过程当中运用一些具有美形态的教具如卡片、挂画、图像、视频、模型等等的视觉影响进行美育渗透，在潜移默化中使学生感知到美的意境以及美的形态体验，还可以通过轻松愉悦的课堂环境以及教学氛围创设一种和谐的美；通过发掘学科课程中所蕴含的美的形式以及观念还有学科知识本身所表达出来的完满、和谐来进行美育渗透。

3. 以学科知识内蕴的美育精神为美育内容

学科课程中的美育内容不仅仅包括学科知识中存在的美的形式，还包含了学科在内的逻辑美。其实在学科课程中的美育内容非常的丰富，比如语文知识中，古典诗词的语言美、意境美、境界美和文章中的结构美等等；再比如数学知识中数据图形的对称美、推理美；还有各个学科中所蕴含的科学素养、人格精神、爱国情怀、民族文化等等。以化学授课为例，渗透美育就是发现化学实验反应中的科学美，在这个过程中引导学生发现化学实验反应的实质就是旧事物的断裂和新事物的生成。在一场化学反应的平衡体系之中，外界的条件改变会使旧事物的排斥作用渐渐大于吸引作用，而新事物的吸引作用渐渐大于排斥作用，这种现象的生成必然就会导致旧事物的断裂和新事物的生成。这就是化学反应中所具有的独特的科学美，旧事物与新事物之间产生的量变以及打破平衡时的质变等一系列的运动过程表现出来的规则、规律就是化学反应知识中本身存在的内在美。这个时候化学课程中的美育内容不再是简单的形式美，而是演变过后知识内在的逻辑美。在各个学科中引导学生体验知识内在的逻辑美，更加有助于激发学生的学习动力，丰富学生的学习兴趣。

4. 以美育实现与学科发展的结合为原则

在学科课程为载体的综合美育课程实施中，应注意审美教育与德育、智育等方面教育相结合，充分发挥美育的心理效应就应该综合美育课程，由此促进学生的全面发展。以美育实现与学科发展相结合，本意就是强调在以学科课程为载体的综合美育课程中既要关注美育目的的实现的同时，又要关注学科课程自身任务的完成以及学科发展。具体来讲就是在学科授课中注重学生的智力培养和审美能力培养相结合，在致力于学生智力发展的同时，去提高学生的审美能力。通过审美心理能力和审美知识结构的影响去完善其知识结构，采取审美想象力的培养去促进学生的想象能力，让其在学习知识方面也同样具有想象创新的能力。在实施教育中注重将审美价值观和人生观的教育相结合，在发掘出各学科知识中所蕴含的德育信息中实现美育与德育的同时效应。以美育实现与学科发展的结合的原则中，促进学生美育心理效应的充分发挥，完成学科中智育、德育等方面任务的同时去实现美育目的，促进学生的全面发展。

5. 以形成性评价启发学生审美求知动力

对于学生在审美过程中的表现所反映出来的态度、情感、方式、行为等方面的发展进而做出评价，形成性评价的方式主要就是以学科课程为载体进行的美育渗透。形成性评价的目的就是用于激发学生的审美动机以及审美兴趣，让学生自觉且有效地去进行审美欣赏以及审美实践，在过程获得的审美的成就感和愉悦感，增强了审美需要的同时培养了审美素质，在评价中注重学生的审美过程体验。

（二）美育课程在各个学科课程中落实的策略

1. 美育课程在语文课程中的落实策略

（1）引导学生发现自然美，感悟自然美

发现自然美，感悟自然美可以使学生的人格气质得到发展和完善，在现实生活中追求更高层次的美。自然的美是一种现实的美，它以其可感的形象，最能激发青少年的审美兴趣。在语文教学中，教师要注意引导学生认真阅读，结合自己的经验去理解课文所描绘的景观，感受日月星辰、山川河流的壮丽雄浑美，茂林修竹、绿草鲜花的生机勃发美，珍禽异兽的独特美，让学生在美的体验中激发起对祖国河山的爱，激发创造美好生活的热情，提高发现美、感受美的能力。例如：在教朱自青的《春》这课时，教师可引导学生认识语言文字的排列形成的语势节奏及语言重复强化中表达的鲜明感情色彩，从中进行品读指导。

"可别恼，看，像牛毛，像花针，像细丝，密密麻麻地斜织着。城里乡下，家家户户，老老小小，也赶趟儿似的，一个个都出来了，舒活舒活筋骨，抖擞抖擞精神。春天像刚落地的娃娃，从头到脚都是新的，它生长着。"在这里，教师引导学生从情感的体验中有意识地读出词语重复的逻辑重音，从用激动的语气、语调形成的情境中体会出作者对春天的赞美，使学生的情感受到强烈的感染，进入审美享受的更高层次。

（2）在写作训练中创造美

语文审美教育的根本任务在于培养学生创造美的能力。陶行知在《创造宣言》中提出："人人是创造之人，天天是创造之时，处处是创造之地。每个学生都有创造美的能力，关键是教师如何培养学生审美创造的情感和兴趣，这是审美创造的源泉和内动力。"

首先，抓好学生在文学作品的审美鉴赏基础上，结合课内写作训练向课外推广延伸。其次，借鉴一些名师有关创新作文的理论和做法。如将上海特级教师程红兵有关"创新思维与作文"的系列理论文章介绍给学生，对学生写作上的创新思维有较大的启发和帮助。同时把《语文报》《读者》等报纸杂志上的好文章在课堂上推荐给学生。在教学中介绍《语文读本》某篇文章的情节或段落，引起学生的阅读兴趣，使他们扩大思维和阅读的空间，获得审美情感的愉悦，有审美创造的欲望。再次，鼓励学生每周写自由作文，学生有较广阔的写作空间和创作兴趣，将文质兼美或有创意的作品拿到课堂上朗读，学生们既获得审美创造情感上的激励，又得到交流和美的享受。总之，当学生审美创造的情感和兴趣被激发起来时，他们就一定能够在写作中创造美。

（3）开展课外知识分享

为了将美学理念充分渗透在初中语文课程中，教师不仅需要注重语文知识点的讲解，还应强化语文实践的自信。课改以来，语文教学不仅需要注重学生的创新能力，而且还需要强化学生的语文审美能力，在语文教学实践期间，教师还需要融入语文教学活动，鼓励学生在探讨与交流的活动中来，增强对语文美的认知。教师应鼓励学生将语文构建在美学理念的基础上，能够活跃课堂氛围，同时也是学生在语文课程中对语文美的表达与理解，在语文审美课程中，能使学生对语文知识点的理解更加深刻，鼓励学生自己主动地学习语文课程，并且激发学生在语文科目中的创新能力。

2. 美育课程在数学教学中落实策略

（1）通过引导学生了解数学家，从而促使学生学习其品格之美

数学学科的教学过程中，教师不仅要注重学科内容的教学，同时要注重数学学科发展史以及数学家简介的教学，通过这些与数学学科内容息息相关的教学，从深层次让学生认识到数学的发展历程以及每个数学知识的来之不易，从而促使学生去探索、去研究。因此，教师在教学的过程中要注重引导学生了解数学家，从而促使学生学习其品格美。例如在"平面直角坐标系"一课的教学中，教师可以给学生介绍平面直角坐标系的创建人笛卡尔，通过给学生介绍笛卡尔创建平面直角坐标系的整个过程以及平面直角坐标系对于几何学习的巨大作用，让学生理解笛卡尔的伟大品格，学习笛卡尔身上勇于探索、积极思考的伟大品格。数学家是数学体系创建中不可或缺的部分，也是数学活的灵魂，教师在教学的过程中通过引导学生学习数学家的伟大品格，使学生真正理解数学中蕴含的品格之美。

（2）通过引导学生理解数学语言，从而促使学生感悟数学语言美

数学之美不在于它有绚丽的色彩、优美的词句，而在于数学语言的逻辑之美、简洁之美。教师在教学的过程中可以通过引导学生真正理解数学语言，从而促使学生感悟数学语言之美。例如在"勾股定理"一课的教学中，教师则可以引导学生逐字解读勾股定理，即"在任何一个平面直角三角形中，两直角边的平方之和一定等于斜边的平方。即在 $\triangle ABC$ 中，$\angle C=90°$ ，则 $a^2+b^2=c^2$"。通过解读不难发现，简短的几句话包含了无穷的定理，多一句累赘，少一句则表

达不清楚，这一定理完美地诠释了何为勾股定理，既有文字描述，又有数学表达式，简洁而逻辑清楚，真正体现了数学美。纵观数学学科涉及的内容不难发现，数学学科的语言美正是表现在其往往用一个等式或者一个数学表达式阐明一条逻辑关系，这是其他学科不可比拟的美，是数学学科独一无二的美。因此，教师在教学的过程中需要引导学生逐渐真正理解数学语言，从而理解数学语言无处不在的美，真正对数学产生兴趣，且开展对数学知识的探索。

（3）通过引导学生绘制数学图形，从而促使学生认识数学图形美

数学学科是一门典型的数形结合的知识体系，因而在数学学习过程中，图形跟数学文字有着同等重要的作用，教师在教学的过程中不仅要促使学生掌握数学语言，同时也要引导学生学会绘制数学图形，让学生通过数学图形感悟不一样的数学美。例如在"反比例函数"一课的教学中，教师在教学的过程中不仅需要引导学生学会识别反比例函数及掌握反比例函数的特点，同时教师也需要教会学生绘制反比例函数图象。通过反比例函数图象的绘制不难发现，在函数的解题过程中，图象对于辅助理解有着得天独厚的作用，通过图象学生清楚地了解了反比例函数的特点，而且还可以直观地与正比例函数的图象进行比较，从而发现两函数的区别与联系。数学图形的美正是表现在其以简单的图形包含无数的知识点，学生学习绘制数学图形的过程，则是学生真正理解数形结合的过程。因此，教师在初中数学学科的教学过程中，一定要注重引导学生绘制数学图形，从而促使学生认识数学图形的美。

3.美育课程在英语教学中的落实策略

（1）巧用英语美育素材

在初中英语教学过程中，老师需要结合教材资源，合理设计教学计划，深入探索教学材料中包含的有关美育和德育的理念，将美育德育思想巧妙地渗透到日常教学生活中，明确学生的学习目标，快速完成制定的任务，培养学生积极向上的学习态度。初中英语的教学资料中包含的故事内容大多是能够体现出不同人生道理的，老师对教材知识进行归纳和总结，让学生充分感受到学习的魅力，激发学生对知识的学习兴趣和探究欲望。英语是世界通用语言，国内英语资料的编撰独具特色，教材中包括了语法、词汇、诗词、风俗等一系列具有趣味性的内容。学生通过自主学习和探索的过程，感受到英语语言独特的魅力，打下了坚实的英语功底，更好地适应了当前社会的发展趋势，使自己的人生价值得到更好的展现。英语语言的使用技巧十分特殊，老师可以根据英语教材，

开展有针对性的美育教育，让学生能够体验到一种身临其境的感觉，引导学生养成良好的语言学习习惯，培育正确的道德观念，全方位提高学生的综合素质与学习能力。在初中的英语学习资料中体现出了很多以英语为第一语种的国家具有的良好风俗习惯、礼貌用语以及约束性的日常行为。比如在受到别人帮助的时候要说一声：Thank you；在做错事情的时候要说：sorry 等等。以上这些礼貌用语在学生日常生活中不太常见，而在初中的英语课堂中，这类简单用语屡见不鲜，学生可以经过大量的英语学习逐渐掌握这类语言的使用，提升自己的道德水平和道德素养，做一个文明礼貌、行为规范的优秀学生。

（2）创新课堂教学模式

当前传统的英语教学模式，是以老师为主导不断对学生灌输语言学习方法，没办法充分了解到学生内心深处的想法和需求，不能为学生提供实践的机会，上课过程过于乏味，给学生造成了巨大的学习压力，导致学生逐渐丧失学习的兴趣和积极性，以至于英语教学质量过低、效果较差。教育教学的条件随着社会的不断发展也在进行不断改善，人们的教学观念和思想不断创新，一些新的教学模式逐渐形成。比如，可以通过上课提问的形式来扩展学生的思维模式，可以先提出几个上课讲过或书本上出现过的问题带动学生回答的积极性，然后在提问一些课外的问题来培养学生的思维能力；在课文的学习过程中还可以采用分组讨论的学习方式，不但可以开阔学生的思路，还可以表达学生内心最真实的想法，为课堂营造更加轻松的学习氛围，提高学习效率；在课堂中还可以采用对比的教学方式，如在相关礼仪的学习过程中，可以将西方的礼仪与中国的礼仪相互对比学习，这样在学习新知识的过程中，也让学生感受到了中国礼仪的博大精深，增强学生的学习兴趣和积极性。教师可以通过以上类似的创新性授课方式，让学生更好地掌握学习方法和内容，同时养成良好的学习习惯。

五、美育课程以活动课程为载体的落实策略

（一）以实现强化审美意识、培养审美能力为美育目的

美育课程以活动为载体，在活动实践中实现强化审美意识、培养审美能力为美育目的。马克思曾指出，只有在实践中发展既来源于现实又超越现实的自由，人类才能真正实现心灵自由与现实自由的统一。而美育则是在实践中观察到人作为一个整体在世界中的位置，与自然和谐为一，才能产生审美愉悦和审美体验。而活动课程正是让学生以实践经验为主，强调在实践中获得的经验，

并且活动课程的实践性可以最直接的形式展现出美感，引导学生在实践中进行审美体验、审美欣赏甚至是审美表现，强化了学生们的审美意识，提高了学生的审美能力。将学生在实践课程当中的情感、态度等结合于实践课中课程主体和活动形式的多姿多彩，产生审美体验和审美欣赏，那么实践课程就直接转变成了实践体验美育的课程。因此在实践活动课程中进行美育引导，主要实现强化审美意识、培养审美能力为美育目的。

（二）以直接实践体验的方式为美育方法

实践活动课程的本身实践性可以让美育在实践中直接进行。实践活动课程当中，在学生原有的生活经验和审美经验基础之上，引导学生在活动中进行审美体验，让整个实践活动变成一个审美活动，从而发展培养学生的审美能力。以艺术课程中的美术绘画课程举例，在美术绘画课程中可以在通过欣赏著作的过程中，感受作品中的抽象美、形式美、和谐美以及画家在著作时的心理情感等等，让学生在画作中产生共鸣，获得审美情感，还能在绘画中进行学生自己对于审美的表达和对于审美的创作，在美术绘画课程中强化学生自身的审美，提升自身的审美欣赏以及审美表达等能力。在不同的实践活动课程中，通过对于引导学生的审美体验以及学生的自助探究和亲身经历等，提升学生的审美领悟能力，让学生自己感受到自身与社会、自然以及自己成长中的和谐。

（三）以审美化活动主题为美育内容

活动课程区别于学科课程的主要特点是课程的形式以主题活动为主。活动课程的主题具有多样性的特点，以活动课程为载体，以审美化的活动为主题开展内容丰富的活动课程，学生可以在美术课中欣赏名家名作、在音乐课中体会韵律之美、在戏剧课中领会传统文化之美，通过实践活动课程感受自然美、体会社会美。

（四）以感性与理性、经验与自然的结合为原则

感性和理性相结合是指在课程实施过程中将感性实践和理性思维、情感体验和活动认知相结合进行美育教育。美育教育的基本任务在于培养学生对美的正确观点和对美的情感体验，对美的情感体验是一种感性认识，与审美认识具有相互促进作用。因此，在开展活动课程时要通过提高审美认识来加深审美情感体验，通过深刻的审美情感体验来强化审美认识。在审美认识里，审美理解能力直接影响审美体验，审美理解能力越高审美情感体验就越好。审美理解是一种主观感觉，主要通过联想和想象活动来实现，但在想象中又包含理性因素，

这决定了审美理解的能力。因此，在活动课程中提高学生美育意识和审美理解等能力，要做到将审美感性体验与理性教育相结合，运用多样化的活动形式和活动主题来调动学生的审美情感，提高学生的审美意识，完成提升学生审美能力的美育目的。

经验与自然相结合原则是指将审美经验与生活实践联系在一起，更强调审美经验的来源和审美主体与周围环境的相互作用。杜威关于审美经验论的观点："恢复审美经验与生活的正常过程之间的连续性"。所以，在开展以活动课程为载体的综合美育课程中，活动主题要与学生的生活实践相联系，是学生现有知识水平能感知和理解的。

（五）以档案袋的评价方式激发学生审美表现

格莱德勒指出，理想的档案袋应由三部分组成：①作品的产生过程，是主要学习计划的文字记录；②系列作品，是学生创作的各种类型的作品集；③学生的反思，就是学生的阶段性自我评价。档案袋评价法，能够将学生参与课程中的重要信息立体地、完整地、具有动态地反映出来，与传统评价方式不同的是，更加注重学生的参与过程和学生的进步，能相对客观地反映学生在学习过程中的表现与收获。通过为学生建立档案袋的方式，可以更加合理地评价活动课程中美育的实施效果，以促进学生在活动课程中的审美表现。

六、美育课程以隐性课程为载体的落实策略

（一）以实现美育心理效应、促进全面发展为美育目的

美育的目的是培养学生认识美和创造美的能力，美育对学生来说能产生丰厚的心理效应。美育在促进智慧的获得、提升趣味和情操、厚植民族情感、激发想象力和创造力的同时具有提高审美素养、培养审美人格的终极效应。学校的隐性课程更多强调的是一种文化、情感、价值观等的渗透。在隐性课程中，主要通过校园文化建设来达到实现美育的目的。教育家陶行知强调将美育与生活联系，在生活实践中获得审美教育，从而培养真、善、美合一的人。日常生活之中，能使人得到精神上的满足的活动都视为一种创造美的活动。学校的隐性课程通过创设美好的校园环境让学生在学校生活中得到精神上的满足和愉悦，达到实现美育的心理效应和促进学生德、智、体、美全面发展的美育目的。

（二）以渗透陶冶的方式为美育方法

美育在学校隐性课程中主要以文化渗透的方式开展，通过美化校园物质环

境、构建和谐精神环境的方式，向学生渗透积极健康的审美趣味、审美格调和审美理念。美育的渗透方式主要有两种：一是重视学校物质环境的美化，主要有创设风景优美的校园、校园设施的布局、走廊环境、教室环境等。优美的物质环境不仅能向学生传递审美格调，而且能陶冶学生的情操。二是学校精神环境的美化，包括营造良好和谐的校园氛围、积极向上的校园风气、努力学习的班级风气等。积极和谐的精神环境有利于培养学生健康的审美倾向，促进学生全面发展。

（三）以校园文化环境为美育内容

在隐性课程中主要以校园文化环境建设为美育内容。校园文化环境涵盖教室、走廊、校园建筑、植物绿化、自然风景等物质环境和校训、校园文化、学校风气、班级风气等精神环境。国务院办公厅发布的《关于全面加强和改进学校美育工作的意见》中就明确指出，充分利用校园广播、电视、教室、走廊、宣传栏、布告标语等媒介，营造具有格调、富有美感、朝气蓬勃的校园文化环境，以美感人，以景育人。

（四）以审美性与民族性的结合为原则

在隐性课程中主要通过校园文化的创设进行美育渗透，传递健康向上的审美趣味和审美格调，促进学生养成积极的审美倾向或审美习惯，在学校生活中形成个体的审美经验，并将这些审美经验与当前民族文化大背景下社会生活中获得的审美经验相结合，形成自己的审美价值观。审美性与民族性相结合的原则提倡传承具有民族性的审美理念，促使学生形成带有民族文化的个体审美经验，结合美育教育获得的审美感悟和审美理解，从而达到影响学生审美价值观，养成社会共同的审美心理，增强民族文化自信的目的。经济全球化的大背景下我国传统文化受到西方文化的冲击，西方文化的扩张对我国初中生审美心理和生活方式都有着深入影响，这种影响对中学生继承中华民族优良的文化传统，树立民族自豪感形成了威胁。以隐性课程为载体的综合美育课程强调在校园物质环境和精神理念的创设中进行美育渗透，将民族文化与美育相结合，创设具有民族特点的校园文化环境，让学生感知体验民族文化的魅力，坚定文化自信。

（五）以多元化评价引导学生审美体验

以隐性课程为载体的综合美育课程中，课程评价主要关注的是学生在课程实施中是否得到发展，其次才是教学内容和任务的完善。美育的目的是培养学生的审美能力，提高学生审美素质，在促进学生德、智、体等全面发展方面发挥积极作用。在对美育课程的评价中应注重评价主体的多元化，通过学生自评、生生互评等方式挖掘隐性课程在学生审美意识和审美能力等方面的影响力。通过多元化的评价方式，强化学生评价的主体地位，培养学生在学校生活中的审美意识，引导学生进行审美体验，达到以美育为基础，促进学生德、智、体、美全面发展的教学目标。

第三节　高品质美育课程校本实施的深化

加强美育，培养学生良好的审美情趣和人文素养；重视可持续发展教育、国防教育、安全教育；促进德育、智育、体育、美育有机融合，提高学生综合素质，使学生成为德智体美全面发展的社会主义建设者和接班人。这都明确要求学校要不断深化高品质美育课程校本实施。

一、深化美育的环境课程，创设美育课程良好的氛围

良好的美育教育环境是美育课程校本实施的关键，所以必须要对美育的环境课程进行深化。学校的地理位置、校园特点都可以作为美育的资源。而为了给学生营造一个舒适、温馨、积极向上的学习环境，学校可从校门设计、长廊设计、操场美化、楼宇外观设计等方面对美育环境课程进行深化。需要注意的是，学校的环境不仅包括了人文环境，学校环境等，还包括自然环境，这些都是美育的课程资源，在对美育课程校本实施的过程中，对环境课程进行开发，可从简单的教室布置到整体的校园美化，将美育教育渗透其中，对学生进行潜移默化的影响，全面提高学生的审美素养。在学校的教室中，可以营造"家"文化的氛围，不同班级创设不同的班级文化，如在七年级一班创设"诗情画意故事馆"，将各种美育诗词张贴在班级中，让学生受到无声的美的教育。而七年级二班就可创设"传统文化博物馆"，利用蕴含美育知识的传统文化，对班级环境进行创设，让学生不断地受到环境美育的影响。

二、深化美育的学科课程，增加美育课程的内涵

美育是一种美感教育，能够促进学生智力发展，促进学生对客观世界的认识，促进学生良好道德品质的形成，促进身体和心理健康的发展。学校在课程设置

上以"促进学生全面、健康、可持续发展"为核心，以美育作为全面提高学生核心素养的切入点，设计具有美育特色的学科课程。通过课时整合、内容整合、学科间融合的方式，将美育渗透到其他课程中。比如，将美育与环保教育相结合，开设了环保创意美术课程，将环保主题融入作品中，让环保教育充满艺术趣味。再如，将美育与体育相结合，舞蹈教师和体育教师合作将健身动作融入时尚音乐中，创编初中生感兴趣的课间体操舞。通过优美的动作和旋律相结合，从而实现学生身心健康美。又如，将美育与科技教育相结合，开展了多种多样的科技活动：科技小发明、科技绘画展、科技创意比赛等。美育课程与其他课程的融合，为学生艺术素养的发展打下了坚实基础，培养了学生的想象力和创造力，同时也提高了其他学科教学的趣味性和艺术性。

三、深化美育的社团课程，增加美育课程的实践性

在《国家中长期教育改革和发展规划纲要（2010—2020年）》中关于美育是这样论述的：加强美育，培养学生良好的审美情趣和人文素养；重视可持续发展教育、国防教育、安全教育；促进德育、智育、体育、美育有机融合，提高学生综合素质，使学生成为德智体美全面发展的社会主义建设者和接班人。

社团课程：每周三下午，开始以体验、经历为主的"七彩课程"，这是学校拓展型美育课程，其内容丰富、格局有特色。乒乓球、垒球、足球、篮球、舞蹈、合唱、陶艺、魔术等近40项课程同时开课，有本校教师授课，也有社会团体专业教师授课。全校学生根据自己的兴趣，走班学习。在两节课的时间里，在操场上、教室里，丰富多彩的社团课程吸引着学生全身心投入。在管乐社团、葫芦丝演奏社团、陶艺社团、油画社团等进行的丰富的美育课程，让学生发现美、感知美、体验美、享受美。美育是培养学生审美能力、提升学生审美素养的教育，有美感的学生走入社会，一定会努力去创造美、彰显美。

四、深化美育的活动课程，丰富美育课程的形式

为了推进美育课程的开展，学校设置丰富多彩的美育活动，这些活动型美育课程经过精心设计，不管是在程序上、环节上，还是在内容上都可以体现出美感，带给学生许多全新的体验，不仅愉悦学生的身心，培养他们的审美情趣，提升他们的审美能力，还使他们得到深远的教育。在开展美育活动课程的过程中，可从以下几方面来入手：第一，开展课外美育活动，课堂上的美育知识始

终是有限的，我们很多知识是从课外获得的。这就需要教师组织学生开展丰富多彩的课外美育活动，课外美育活动更符合青少年活泼、求异的心理，与刻板的课堂教学氛围相比，初中学生能更积极主动地参与课外美育活动，达到更好的美育教学效果。当然，在课外活动结束以后，教师需要注意进行活动总结，并布置相应的"作业"，让美育活动落实到实处。第二，建立美育社团，可根据学生的实际兴趣、爱好、专长等建立一个美育社团，主要的目的是对学生的特征进行整理，将学生的课内知识进行有效延伸，培养学生的热情，进而让学生自觉地去感受美、认识美、表现美、创造美，让其在某一方面获得更深层次的美感。

五、深化美育资源的整合，提高美育课程的教学质量

（一）设置美育资源整合的目标

在开展美育课程的过程中，对美育资源进行整合是非常关键的，而整合美育资源，首先需要做的就是设置美育资源整合的目标，这就需要以当前学生的认知能力为基础。在进行美育资源整合目标制定的过程中要做好前期的调研工作，利用网络技术、调查问卷等形式对学生的爱好和需求进行调查，再以学生的认知基础、认知水平为出发点，设计符合学生发展的美育课程，让学生在活动中感受美、鉴赏美和创造美。

（二）立足学校的特色，创新美育资源整合的方式

学校特色是学校品牌创设和学校文化塑造的基础，学校中的特色项目会促使学校的竞争力得到显著的提升。学校在发展美育教育的过程中，利用信息化技术，对美育资源进行智能化的整合。教师和学生可以利用信息技术平台进行交流，最为主要的是，在发展美育教育的过程中，学校以国学文化为基础，以传承中华美育精神为理念，开展美育活动课程，促进学校特色文化的发展。

六、深化美育的评价方案，弥补美育课程的不足

学校设计多样化的评价方案，关注学生核心素养的提升，全方位跟进学生的成长。教师在课堂教学、综合实践活动、学生课余生活中，及时发现学生的闪光点、进步点，并进行积极的、及时的评价。多样化的评价体系包括较多方面的内容，主要有学校评价、教师评价、家长评价、学生自评与互评等。

（一）设计新颖，重视过程，评价效果优化

评价方案经过精巧的设计，形成评价手册。手册给学生以美的感受，通过书面评价语言激励学生积极向善向美，通过不断努力，一步步实现小目标，从而步步靠近大目标。评价促进学生由"他律"向"自律"转化，树立自信，找到自我发展的新途径。

（二）关注个体，多元评价，促进学生发展

丰富的评价方式——教师评价、家长评价、伙伴评价、自我评价，使评价本身充满惊喜，给学生愉悦的感受。在评价过程中，关注个体，积极发挥集体教育的作用，培养学生的合作意识，鼓励学生同伴互助，从而实现大家共同进步。

高尔基曾说：照天性来说人都是艺术家，因为无论在什么地方，人们总是希望把"美"带到自己的生活中去。美育可以帮助学生发现、认识生活中的美，并努力去创造美，美育是培养学生精神素质和文化品格的教育。在学校教育中全面渗透美育、实施美育，对学生健全人格的形成以及作为未来人才核心素养的形成，具有重要意义。从某种意义上讲，美育有助于通过提高个体的素质推进建立一种更加合乎人性的、合理的社会秩序和社会准则。《关于全面深化课程改革落实立德树人根本任务的意见》中要求，课程设置必须坚持系统设计，整体规划育人各个环节的改革，整合利用各种资源，统筹协调各方面力量，实现全科育人、全程育人、全员育人。教育工作者要广泛挖掘美育课程资源，让学校教育时时、处处绽放美的元素、美的效应，只有这样，未来人才的核心素养才可得以不断积淀。

七、深化美育集群资源，拓展美育课程的范围

集群属于一种移动通信系统，此系统具有信道选择的功能，可以实现资源的共享和服务等功能，联合互联网技术可为美育课程的实施提供更加坚实的基础。首先来说，集群系统具有交互功能，可以实现线上美育教育的指导，拓展了美育课程实施的范围。其次，集群具有庞大的信息功能，可以根据学校教育的要求对美育资源进行整合，这样可对美育实践的成果进行汇总，为后续的总结和反思提供基础，为美育校本课程和特色美育班级文化的建设奠定了基础。最后，集群通信系统具有共享资源、公用信道设备及服务等多项功能，尤其是共享资源的功能，深化了美育的教育内涵，拓展了美育课程的教育范围。学校在美育教育实施的过程中，可利用美育集群资源设计统领全局的教育目标，打造具有学校特色的美育校本课程。在利用美育集群资源的过程中，可以结合网络教研平台、智慧学习平台、微课教学平台、云端智慧技术等，不断创新美育资源的整合方式。

八、深化落实美育课程的实践性，提高美育课程水平

为了更好地提高美育课程开展的水平，学校不断地提高美育教育的实践性，以十九大精神为引导，全面落实党的教育方针，落实上级文件中的美育工作目标，不断地适应素质教育的新要求，全面促进学生德智体美劳全面发展。主要从以下几方面来入手：

（一）科学构建工作机制

在美学理论、教育理论指导下健全与德育、智育、体育协调实施的美育工作机制，构建"课程实施、科技支撑、文化引领、活动推动、环境熏陶"的美育工作机制，实行全员美育、全程美育、全面美育。

（二）努力实现美育的"四个结合"

通过美育课程的开展，促使学生在发现美、欣赏美、表现美的同时，以美养德、以美启智、以美健体，从而树立美的思想，培养美的品格，具有美的情操，逐步形成美的人格，让人生境界和生命质量得到提升，促进人全面的发展。

（三）创新美育课程的教学内容和要求

要重视学生对美的观察力、感受力以及判断力的培养。可通过引导学生感受和初步认识色彩、构图、造型、声音、节奏、旋律等构成元素，学会用审美的眼光对身边的事物进行观察。此外，要引导学生初步了解社会美，学会对是非、善恶、美丑等进行分辨，对良好的品行进行培养，懂得礼貌待人。在教育的过程中，要多给学生提供接触自然的机会，对自然美进行欣赏，培养学生热爱自然环境、热爱祖国美好河山的情感。与此同时，要引导学生体验运动美和形体美，感受运动与美的联系，让学生更加热爱生活。

第四节　高品质美育课程校本实施的显效

在国家、地区教育政策的要求下，各个阶段的学校都开始开展美育课程校本活动，取得了显著的成效。在美育的浸润下，学生的德智体美劳综合素养得到潜移默化的涵养与发展。

一、学生的审美意识和综合素养得到提升

（一）学生高层次思维能力得到发展

学生高层次思维能力主要包括预测、观察和解释能力，知识迁移与综合运用能力，批判性思维和创造性思维能力等。通过高品质美育课程校本实施，学生不仅基本智能得到了提升，特殊智能也得到了发展。如在课题教学中通过观察，因为在美育校本课程教学中强调对学生观察、操作、解决实际问题等能力的培养，进而有效地促进了学生其他学科课程的学习，美育渗透下的学科学习活动成效明显提升。

（二）学生学习自信心明显提高

学生学习自信心指数包括较多方面的内容，主要有个人学习能力的自我评价、尝试解决困难问题的意愿以及对取得优异学习成绩和完成学习目标的预期等问题的获得。学校经过对美育校本课程的实践取得了明显的效果，例如，八年级某学生参加完成"中国书画鉴赏比赛"以后，开始喜欢中国传统的书画作品，并表示在今后的学习中要继续对此方面的知识进行学习，希望能成为一名画家。

（三）学生学习压力明显缓解

初中学生学习的科目较多，不仅包括了语数外等核心科目，还有地理、政治、历史、音乐、美术等学科，学习的压力较大。再加上家长、教师对学生的高要求，使很多学生产生焦虑、烦躁等现象。而学校美育校本课程的实施强调调

动学生的审美情感，教学中美的事物让学生在学习时保持身心愉悦的状态，过程中的真实性评价方式让学生开始关注学科知识本身，分项评价与期末学科综合活动评价方式，让学生更清楚自己今后的努力方向，并享受评价过程。同时，在实施美育校本课程的过程中，很多教师会引导学生走进自然、亲近自然，体会到人与自然的和谐，树立和谐发展的观念，这对于缓解学生紧张的学习压力有较大的意义。

二、教师的审美素养和专业素养得到提升

（一）越来越多的老师树立了美育观

初中教师在开展美育课程的过程中，对"大美育观"思想认识程度不断加深，也对大美育有了深层次的理解。美育教育涉及范围广泛，并非艺术教育和知识教育，其有着独特的内涵。美育贯穿于各学科的实践教学中，教师可依据初中生发展实际，将艺术知识和技能教授给他们，帮助初中生养成自主审美意识，树立正确的审美观念，养成良好的人文素养与审美素养。在初中美育教学实践期间，大多数教师都擅于应用"课程理解范式"理论，并关注家长和初中学生的感受，倡导家长、教师及学生共同设计美育课程，使美育课程更符合初中生的美育素质发展需求。

（二）老师的审美意识在教育教学中获得提升

依据学校办学理念，很多初中教师都非常重视美育教学，并擅于发现美感，积极引导学生养成良好的审美观念。学校在实际的教学中，每个月都会组织教师进行讨论，分析自己从不同事件中寻找的美，从学生身上发现的美。在美育课程中，鼓励学生操作美、思维美和表达美。课余时间，教师在学生的练习与作业中寻找美感。并且教师不断加强自身对美育的追求，尤其是将自身塑造成魅力教师，这种教师具有很多优点，例如关心学生、对学生保持微笑、按时下课、知识面广、经常与学生互动、对学生比较关注、能够与学生谈心等。美育课程的实施，促使教师的审美意识得到明显提升，进而落实到日常的教学和生活中，促使学生的审美意识得到培养。

（三）老师的教学方式受到学生的喜爱与认可

不管教师教授的是美育渗透课程，还是核心课程，都离不开课程目标，因此课程目标的设计是实现美育教学的前提。初中教师应在美育教学环节创建审美情境、审美任务及审美活动，采用灵活的教学方式，激发学生的学习兴趣。

根据 2019 年相关的数据统计显示，初中教学方式指数位于最高级别，足以看出超过 90% 的初中生对教师教学方式认可，并给予了很高的评价，学生都对教师的教学成果满意，并指出教师采用互动方式教学有助于学生养成自主审美意识。

三、学校的特色品牌不断增值

美育是一种特色品牌，在学校的发展经历了漫长时间，学校逐渐重视美育教学课程，并重新定义了美学品牌内涵，大美育思想逐渐被广大师生接受，学校也将艺术课程重新重视起来，通过开展美育活动课程与美育渗透课程巩固美育教学成果。在美育校本课程的积极推动下，校园环境有所改观，并设立很多不同主题的"审美空间"，例如阳光操场、美美涂鸦墙与美劳创意室，同时还有魅力汉字活动室和民乐演绎室等。结合 2017 年的研究资料可知，80% 至 90% 的初中生认可自己的校园。在实地面访过程中了解到，学生对学校组织的集体活动较感兴趣，有助于构建良好的同学关系。在初中每学年设立 8 个家长开放日，并且让家长对校园的各项教学情况做出相应的评价，从评价中可知家长比较支持美育品牌建设，并鼓励学生参与校园组织的各项集体活动，满意度将近 98.6%。

在研究的过程中，分析学校美育校本课程的开展情况，研究发现初中校园已经形成美育课程基础框架，并且制定了发展总目标，同时将总目标分解成很多小目标，设定了相应的课程评价标准，取得了丰硕的教学成果，并编写了很多不错的书籍，圆满地完成了初中生美育教学的探究工作，为学校美育品牌建设提供了理论支持，为后续发展注入新的活力。

四、有利于打造学校自身的文化特色

（一）创设美育校园环境，打造学校的环境特色

良好的美育环境可以对学生的美育素养造成潜移默化的影响，所以在落实高品质美育课程校本的过程中，学校非常重视对环境的创设。在班级、长廊、操场等各个地方设置了美育文化，打造了具有特色的美育校园环境。同时，学校对于美化校园环境非常重视，处处体现文明、和谐，旨在为学生创设良好的美育学习环境。总之，高品质美育课程的实施，促使校园文化环境得到了整体的优化。

（二）多样化的美育活动，打造了美育知识传承的氛围

在开展高品质美育课程的过程中，学校开展了"古诗词竞赛""优秀传统

文化比赛""书画鉴赏竞赛"等活动，让学生学习美育知识有了更广阔的施展空间，让整个校园都充满了文化的气息。通过这些活动让学生得到美的享受、美的熏陶，让学生尽显成长之美。多样化的美育活动，营造了美育知识传承的氛围，培养了更多的传统文化接班人。

五、各个学科课程的实际教学水平得到提升

（一）有效地挖掘了各个学科中的审美因素

美是人类本质力量的感性显现，它是无处不在的。蔡元培先生认为，没有一门课程不与美相关。如，语文教学可以让学生认识语言表现的美，感受、欣赏文学作品的美，并积极培养学生用自己的语言创造美；体育教学可以让学生认识人体的运动美、力量美、姿态美，在自由、舒展的运动中表现美、体验美；地理教学，让学生认识祖国大好河山的美，激发学生崇高的爱国主义情感；历史教学，可以让学生认识中华民族悠久的历史和灿烂的文明，激发学生振兴民族、报效祖国的决心和意志；数学教学，可以让学生认识数学科学的结构美、匀称美、秩序美、和谐美，特别是数学中的黄金分割比，很多美的事物符合这一和谐美妙的比例。由此可见，在各个学科课程中渗透美育知识，不仅可以丰富学科的教学内容，还能有效地挖掘学科知识中的审美因素，必将激起学生极大的学习热情和兴趣，全面提高教学的水平。

（二）凸显了文本的审美价值

审美价值一直是古往今来文学研究者们追捧的话题，而文学家们也一直追求透过的文本审美性，与读者建立起沟通的桥梁。通过对大量事实的验证，不难发现，不经过审美所获得的认识或教育，总是肤浅、浮于表层的。它可能使人们只注意到文学作品的表面现象，无视文学作品丰富的内涵和审美的意蕴，有时甚至会产生某种误解和歪曲。将各科知识与美育课程进行结合，可以更有效地凸显出学科知识中的审美价值，让学生在学习学科理论知识的同时，对美的内涵进行深入的理解。换而言之，美育课程促使学科的审美价值得到提升，这对于学生的身心健康发展都有较大的意义。

加强美育具有其重要的意义，只要教师重视美育、开动脑筋，发挥潜在能力，有目的、有计划地开展美育活动，美育这朵教育园地里的鲜花，就一定会开得更俊、更艳。

第六章

美育课程实施的区域性带动

第一节　对本工作室成员校的带动成效

习近平总书记给中央美术学院八位老教授的回信，激励着艺术家们坚守初心、辛勤耕耘、专心治艺，激励着越来越多的美育工作者以大爱之心育莘莘学子，以大美之艺绘传世之作。

美是纯洁道德、丰富精神的重要源泉，对塑造美好心灵具有重要作用。让孩子的眼睛因为发现美而闪亮，让孩子的人生因为有"美的心灵"而饱满，让孩子在领略中华优秀传统文化之美中筑牢文化自信，这是每一位美育工作者的责任。坚持立德树人，扎根时代生活，遵循美育特点，我们才能更好地在春风化雨、润物无声的美育事业中，让孩子涵养品格、完善人格、塑造心灵，实现习近平总书记所要求的，"弘扬中华美育精神，让祖国青年一代身心都健康成长"。

今年年初，北京上演了一场特殊的演出。喜欢站在凹埂上唱豫剧的七岁小男孩，在白洋淀麦田旁练芭蕾的十二岁姑娘，总拿着父亲的旧手机录歌的初二学生……这些农村孩子因艺术而结缘，一起登上了北京天桥艺术中心的舞台。因为艺术，他们快乐成长，阳光自信。让更多孩子能像他们一样，得到美的滋养，需要我们坚持以美育人、以文化人，让青少年在动人的音符和丰富的色彩中，提高人文素养，实现全面发展。

一、学习研讨，明确新时代美育教育的方向，增添信心与动能

工作室基地校鸡西市第九中学带领 10 所成员学校坚持立德树人，扎根时代生活，遵循美育特点，在春风化雨、润物无声的美育事业中，让孩子涵养品格、完善人格、塑造心灵，以实现习近平总书记所要求的，"弘扬中华美育精神，让祖国青年一代身心都健康成长"。

工作室组织成员校管理者和艺体教师进行美育课程校本实施学习研讨交流，

重点学习了习近平总书记关于新时代美育教育的方向的重要论述。对中央美院校园内徐悲鸿先生雕像旁镌刻着的"尽精微致广大"六字校训进行热烈研讨。精微者，艺术精研；广大者，胸怀人民。校园外老师们带着学生采风，触摸时代律动，校园内主题性研究创作，我们一定要牢记习近平总书记的殷切嘱托，孜孜以求，极尽精微，坚持立德树人，扎根时代生活，遵循美育特点，以大爱之心育莘莘学子，以大美之艺绘传世之作。

一是上好写生路上的思政课。从昔日的荒漠戈壁到今朝的塞上绿洲，右玉的绿色是一代代右玉人用生命倾注的颜色。同学们深入山西省右玉县采风写生。得知七十年来当地群众将森林覆盖率从不到 0.3% 提高到 54%，通过写生，同学们不仅提升了绘画的技艺，也上了一堂生动的思政课。

北京怀柔大榛峪村，九十多岁的中国人民解放军原中南军区兼第四野战军老战士赵延佑给中央美院师生讲述历史，回忆烽火岁月。

贵州省黔西南布依族苗族自治州，中央美院师生与布依族古寨下纳灰村村民座谈，了解非物质文化遗产的传承与保护，感受艺术如何与时代同行。这是中央美院艺术创作与思想政治教育结合的现场，被誉为写生路上的思政课。

创新的方式、互动的形式，激发起思想活跃、个性鲜明的艺术学子的学习积极性和深度参与的热情。按照习近平总书记"做好美育工作，要坚持立德树人"的要求，中央美院实行"课堂串讲 + 名师讲座 + 经典阅读 + 课堂讨论 + 实践教学"的"五位一体"教学模式，针对学生特点，实施"情境带入""艺术家状态带入"教学法，打造"情景教学公开课""写生路上的思政课"等教学活动品牌，提升育人效果。

习近平总书记指出，人民是创作的源头活水，只有扎根人民，创作才能获得取之不尽、用之不竭的源泉。这就要求我们引导师生在社会生活中寻找创作灵感，从人民的向往追求中寻找创作素材，从解决人类发展面临的问题中实现艺术创新。同时下苦功夫、真功夫、大功夫，创作出无愧于时代的经典作品。

提到元旦联欢，大家都会想到标新立异、个性等关键词。可让所有人意外的是，晚会上当同学们将《坚韧不拔，永不言败——再长征》的诗朗诵以主题视频的形式呈现出来，当"红军不怕远征难，万水千山只等闲"的诗句响彻全场时，同学们报以最热烈的掌声，经久不息。那一刻，大家感受到精神的力量，懂得了比观照"小我"更重要的，是观照历史、观照时代。

二是不能在这个时代中缺席。84 岁高龄的中央美院原院长靳尚谊谈及为何在耄耋之年担任中央美院艺术创作研究院名誉院长这一重任时，靳尚谊给出答案：文艺要扎根时代生活，反映社会生活的重大变化。但环顾当下，依然有部分美术创作沉浸于不满情绪的发泄，疏于关注新时代的社会变化。提高当代画家的思想认知水平，创作出新时代最高水平的画作，是研究院的任务，也是老一辈美术工作者的心愿。

同一天，北京市朝阳区的一间画室内，国家主题性美术创作研究中心主任马刚正在进行《开国大典》大型主题作品的创作。墙上、地上，大大小小的手稿不下几百张。谈及这次创作，马刚坦言，有两大挑战：第一，如何让经典题材呈现新时代的生命力；第二，如何突破自己几十年来形成的"小美之意"的创作风格，以"大美之艺"呈现作品的厚重和气势。

中国画学院的廖琴老师正在创作名为《风雨同舟荣辱与共》的作品，如何体现习近平总书记关于构建人类命运共同体的思想精髓，如何把中国故事用国际接受的方式进行艺术呈现……是他反复思考的问题，这不仅需要创作者具备扎实的绘画功底，更需要有对国家发展与全球治理的深刻理解和领悟。"只能反复学习琢磨，一点点、一幅幅找感觉。"承担这样的创作任务是责任也是幸福。"艺术工作者有责任呈现、歌颂伟大的新时代。能够学以致用，这是何等的幸福。毕竟，不是每个艺术工作者都能有这份幸运。从当代中国的伟大创造中发现创作的主题，这是总书记的要求，也是艺术创作的真谛"。

艺术家要充分认识时代对于艺术创作的重要性，不能在这个时代中缺席。近年来，教师进行主题创作、现实题材创作明显比过去踊跃，从"要你画"变为"我要画"，越来越多的教师对艺术定位、学术定位做了调整，把精力聚焦于贴近生活、走向人民。

三是塑造未来一代美好心灵。若尔盖县，隶属于四川省阿坝藏族羌族自治州，地处青藏高原东北边缘，是红军长征途经的最艰苦地区之一。多年前，这里曾见证当地藏族、羌族青年与红军血与火的情谊。今天，这里成为中央美院教师种下艺术种子、启迪美好心灵的教学基地。

中央美院少儿艺术教育工作室负责人郑勤砚老师带领团队，为这里从未上过美术课的藏区少年开设美术课。孩子们用稚朴的笔触，呈现所思所感。五岁的孩子，画出《若尔盖草原的战马》；七岁的孩子，描摹《强过铁索桥》；九岁的孩子，绘就《我永远爱红军叔叔》……尽管从未拿过画笔，孩子们还是展现出令人惊叹的想象力和创造力。

通过学习研讨，工作室成员校领导和教师一致表示，要以中央美院的老师们的理论和实践为指引，在基础教育阶段，营造学校美育氛围，做好艺术启蒙，构建美育课程，开展创意美术教学实践，以美育人，立德树人。

二 、特色美育课程引领学生向上、向善、向美成长

鸡西市第九中学作为工作室基地校，立足学校"为了生命自觉"的生命教育理念，游艺乡土，让艺术教育落地生根。鸡西市第九中学是一所有着深厚文化积淀又充满活力的初级中学。建校 50 余年来，学校一直致力于培养学生的审美素养，将学校艺术教育的发展同社会生活紧密联系在一起，同师生生命品质提升紧密结合，将中华优秀传统文化同建设新时代精神文明话语场紧紧联系在一起，将文化艺术中的"美、灵、韵"与学生的审美和人文素养培育相结合，构建了"创·美"校本课程，着力培养学生艺术感知、创意表达、审美能力和文化理解素养，为学生的人生幸福奠基，发挥了非常好的区域带动作用。

（一）开辟活力空间，打造艺术育人氛围

1. 依托校园，做好审美教育启蒙

学校的校园布局简约大气，生命教育主文化大厅，中华优秀传统文化长廊，学校三年发展规划艺术造型欣赏，生命化德育——学生生命风采展示墙，生命化教师团队业绩成果展，中国梦·我的梦——我理想中的大学，师生版画作品展等无不体现着生命活力之美、艺术之美。学校还致力于开辟艺术空间，营造良好的艺术氛围。现拥有音乐、美术专用教室 6 间，还有合唱、舞蹈、管乐等排练房，为国家课程的校本化实施提供了强有力的保障。

近年来，学校打造了"印象画舫""创美艺术空间""智慧书院"等空间课程资源。"印象画舫"汇集教师、学生的书法、版画、纸艺、儿童画等作品；"创美艺术空间"定期举行师生个人书画展、各年级学生的主题美工作品，让每个行走在其中的人感受艺术、欣赏艺术、创作艺术。

大课间操，传统体育社团活动展示了全省体育艺术特色学校的区域示范引领，也成为学校一道道靓丽的风景线，成为其他学校竞相学习的样板。

2. 根植本土，拓展艺术实践载体

学校从初一年级开始，陶笛进课堂，班班有笛声，举行校园陶笛节，部分学有所长的学生进行管乐学习，学校邀请管乐名师亲临学校进行专业指导，形成乐团梯队建设；学校分层组建学生艺术社团，重点培育玖韧军乐团、春之声合唱团、创美舞蹈团、印象版画社四大精品艺术社团。此外，学校被选为成立市群众艺术馆分馆，精心打造艺术特色课程，为学生提供更多了解、体验、学习艺术项目的机会。此外，学校立足黑土地文化，诵童谣、唱民歌、做剪纸、扭秧歌、欻嘎拉哈、演皮影戏，聘请剪纸传承人、皮影戏专业教师定期授课，学生们参加黑龙江省中小学生艺术展演、鸡西市少儿才艺比赛分别获得金奖、铜奖。

（二）做好落地衔接，提升教师育人水平

1.专业赋能，力促教师队伍"提优"

学校专职艺术教师队伍经历了"从无到有""从有到优"的发展历程。目前有专职艺术教师12名，外聘书法、管乐、剪纸、魔术等专业教师10余名。学校对专职教师提出一专多能的培养目标，要求其胜任国家课程的同时至少具备一项专业特长，能带校级社团并力争市、区级一流水平。教师们不负众望，近几年在市区课堂教学及基本功比赛中多次获奖，《初级中学生命教育实践途径探索研究》获黑龙江省首届基础教育教学成果一等奖，其中创生命之美课程教学成果《打造生命化校园 争做幸福九中人》《让生命绽放光彩》《初中生思想政治素质提升如何化虚为实》等多篇论文获奖并发表在《中国教育报》等期刊上。在各级各类论文评比中获奖论文60多篇，陶婉、王秀敏、陶波、蔡克玉、徐秀文老师被评为学科带头人，吕慧老师被评为教学新秀。他们在学校的艺术教育工作中起到了关键作用，也为校本艺术课程建设提供了强有力的支撑。

2.专家指导，引领艺术教育"升级"

第九中学建立了教、研、训一体化培训机制，使教师团队在实践中成长。学校为教师们聘请导师定期指导，导师通过大家喜闻乐见的形式让艺术走进校园，让师生感受艺术的魅力。除了邀请专家和表演团队走进校园，师生们也走出校园，走进艺术馆、剧院欣赏大家杰作，去北京、上海、哈尔滨等艺术教育现场会学习，走进版画特色学校现场观摩，不断求学拜师，博采众长，拓宽了教师的艺术视野。

（三）搭建落地平台，构建多元评价维度

1.激烈赛场，美在成长

自2012年起，第九中学的舞蹈、合唱、课本剧在鸡西市、鸡冠区组织的中小学艺术展演中屡获一等奖；课间音乐比赛还获全市特等奖。

此外，在市、区组织的中小学生才艺比赛中，有20余人次获一等奖，区级以上书画比赛获奖百余人次，版画、陶笛校本课程获鸡西市校本课程评比一等奖。

2. 丰富阵地，美在认可

学校给学生创造展现才艺的舞台，除积极参加区市级各类竞赛演出外，精心策划校园文化艺术节、新年音乐会、校园墙绘、班级特色阵地、开学首日迎新活动、晨间管乐展示，参加群众艺术馆及区、市相关部门组织的展演等，让艺术爱好者体验学习、成长之乐，鼓励艺术特长生积极参加学校玖韧军乐团、春之声合唱团排练、演出，让九中学子登上更高的舞台，见识更广阔的世界。

多年来，鸡西市第九中学始终坚持做好艺术教育，以"创·美"校本课程、社团项目等特色活动为抓手，润泽生命、启迪智慧、激发探究、陶冶情操、净化心灵。经过近几年的发展，管乐、陶笛、版画、书法已成为学校的特色课程，成为学校艺术教育的名片。在艺术教育的启迪下，学校美誉度也在不断提升，九中学子的艺术视野更是不断开阔，就像每一朵花儿找到了面向阳光的窗口，让美自然生长，让心灵畅快呼吸，让可能无限延长，让学生找到生命成长的自信，自觉向上、向善、向美成长。

三、发挥辐射带动作用，引领区域学校高品质发展

大课间操、传统体育社团活动，全国青少年版画创作基地、春之声合唱团、玖韧军乐队、研学体验课程、劳动创美课程等展示了第九中学体育艺术特色学校的区域示范引领，也成为学校一道道靓丽的风景线，成为其他学校竞相学习的样板。

工作室成员学校七台河欣源中学通过工作室优质资源共享、教科研同步、智慧管理论坛分享、美育课程建设经验交流、公开课展示观摩等提升学校办学品质，借鉴第九中学生命教育实践经验，丰富美育校本课程，以"融通课堂""生命体验德育""一板一球"特色艺体初步形成学校办学特色。学校先后获得教育部国防教育特色学校、省级校园足球特色学校、省级冰雪特色先进学校。

密山市兴凯湖乡中学周训一校长带领学校教师多次参加工作室高品质学校课程建设研讨活动，结合农村学校校情和区域优势，强力推进校园足球和赏冰乐雪活动，丰富了农村学生的校园生活，增加了生命体验，让孩子们在感受冰雪乐趣的同时提升审美情趣，促进生命成长。学校被评为黑龙江省标准化先进学校、黑龙江省师德师风建设先进集体、黑龙江省绿色学校、黑龙江省冰雪活

动先进学校、教育部中小学足球特色学校、国防教育特色学校等。

哈尔滨市第31中学牢牢依托工作室学习交流平台，促进学校办学理念提升，丰富学校文化，构建"和"学校理念系统，让中华优秀传统文化内化为师生自觉成长行为。吴建华校长多次参加工作室校长学校特色发展论坛、课程建设研讨、中考备考交流等，把握新时代教育发展脉搏，确立学校迈向教育现代化办学目标，形成因材施教、内容丰富的校园足球教学体系，成功举办哈尔滨市首届青少年校园足球文化节。活动以社会主义核心价值观为引领，以普及足球运动、培育健康足球文化、弘扬阳光向上体育精神为目标，让更多青少年懂球、看球、练球和赛球，营造健康校园体育环境，促进每一位学生德、智、体、美、劳全面发展。

大庆市肇州四中高效推进工作室"美育课程校本化实施，提升学生美育素养"研讨活动精神，在学校已有的剪纸、木刻、年画课程的基础上，开设版画课程，选派美术教师和版画爱好者到鸡西九中跟岗学习。陶婉老师精心指导，使版画课程成为农村学生又一个展示自我、增强自信的平台，丰富了学校的社团活动，让学生在学校五个一工程（一副好口才、一个好身体、一项好才艺、一个好习惯、一手好书法）滋养下都有自己发光的机会。

伊春朗乡中学不忘音乐初心，彰显大美底色。近年来，跟随工作室的脚步，学校坚持走"高位嫁接，打造品牌"的特色办学之路，收获了音乐与文化教育同步优质发展的累累硕果。在新时代，学校秉承"和美"教育理念，给予每个生命包容和托举，让校园里的每一个生命自然而美丽地绽放，充分彰显了学校的大美底色，学校在继承北大荒地域音乐传统的基础上，以音乐底蕴成就学校名片，用文化底蕴滋养学生未来，以"五育融合"铸就发展底蕴，不断实现新的超越。

在工作室的引领带动下，绥化市火箭学校乡村少年宫建设品质不断提升，丰富了学生的艺术修养；大庆市肇源五中篮球、书法、绘画、艺术比赛等嘉年华系列活动让孩子们有自己发展的舞台，找到生命成长自信；鹤岗市第十三中学创新学校艺体活动、丰富美育课程、活跃校园生活，让学校生活成为师生一种幸福美好的生命体验；拜泉五中和晨兴中学把美育和体育、劳动教育紧密结合，让学生以劳启智、育美、健体，提升了学生的生命品质。

第二节　对本区域和外区域的辐射影响

以大美之艺绘传世之作。习近平总书记给中央美术学院老教授回信说，"美术教育是美育的重要组成部分，对塑造美好心灵具有重要作用。你们提出加强美育工作，很有必要。做好美育工作，要坚持立德树人，扎根时代生活，遵循美育特点，弘扬中华美育精神，让祖国青年一代身心都健康成长。"

很多人以为美术教育旨在培养艺术家，实则不然。美育可以浸润人的心灵，在学习技巧的同时，更是在向内心叩问，完善人格，塑造心灵。

当前，社会公众的审美素养尚未达到理想高度，给我们所有教育工作者提出新课题。按照总书记回信中要求的，遵循美育特点，弘扬中华美育精神，让祖国青年一代身心都健康成长。持大爱之心，研大美之艺，我们使命在肩。

鸡西市第九中学秉承让每个孩子绽放"德行根基牢固、法治素养深厚、智慧发展卓著、艺体特色见长、社会实践呈美"的办学目标，努力打造生命化办学特色。50余年砥砺奋进，初心不改，50余年的发展，学校美育特色越发彰显，且"美味"渐强。学校师生在各类艺术展演比赛中获奖，经常参加省市各级重大演出和开展交流活动。全省中小学生艺术展演、全国师生版画展荣获一等奖，鸡西市第九中学版画成为龙江教育一张闪亮的名片。

鸡西九中艺体教师创编的大课间操，整齐划一，活力四射，曲调优美，成为其他学校竞相学习的榜样。全国生命教育现场会上来自北京师范大学生命教育研究中心的肖川教授和来自全国21个省的教育厅局级领导、教育专家、校长都对九中的艺体课程给予高度评价，尤其是师生们在课堂中那种欣赏美、感悟美、创造美的生命状态让来宾们感受到师生在生命教育润泽下的智慧成长、理性发展，向美而行已成自觉追求。

一、区域带动，激发生命潜能，为艺体发展插上腾飞的翅膀

鸡西小学学习九中版画课程经验，组织教师成立了沙画工作室，开始了学校沙画创作；借鉴九中电声乐队课程实践，开设快乐课程，激发潜能，成就学校名片；创新学校篮球、毽子、跳绳等特色课程，丰富校园文化生活。学校形式多样的课程体系，激活了学生的生命潜能，为他们的艺体素质发展插上了腾飞的翅膀。

电工小学紧跟工作室的美育教育发展趋势，创建了小学"音乐素养课"课程。这一课程不同于枯燥僵硬的传统音乐专业课程，采取了更加活泼的形式。学生在教室中，没有桌椅，他们围成一圈，随着音乐尽情律动，用肢体自由的感知音乐、节奏……以和谐和快乐为基音的课程，突出以美导学，让每个学生找到适合自己的跑道，然后舒展地奔跑……

九中的艺体教师在工作室美育论坛中分享：青少年是人音乐能力发展的敏感期，打好基础比日后反复枯燥的练习更有意义，提升学生整体音乐素养和快乐学习音乐的理念，使孩子们从小就能自由地、欢快地感受音乐之美。第九中学的"音乐素养课"从初一年级开始，一周五节的课程体系，包括视唱练耳课、素养课和身体认知与体态律动课等。该课程吸收了国际三大先进音乐教学体系（柯达伊、奥尔夫、达尔克罗茨）和国内传统音乐课堂的经验，以听、唱、感、视、动、演作为每一节课的主要内容，以培养和提高学生的音乐感知能力、音乐理解能力、音乐表现能力、音乐技术技能，让孩子们在愉快的享受艺术中成长。

晨兴中学学习鸡西九中的美育教育经验，开设了种类繁多的艺体课程，促进学生全面发展。专业课程、实践课程，定期参加节庆等演出活动与比赛，邀请专家授课；乐队课程，学校组建学生合唱团、民族乐团等，每学期开设艺术节，学校以"青春飞扬艺术节"为载体，以美怡情，让音乐无处不在，让艺术属于每一个孩子。

园丁小学开设国学课，引导学生诵读经典；树梁中学开设科技航模课，让学生在科技创新中感受美；二十四中学丰富学生艺体社团课程，开设葫芦丝、古筝等零起点课程，让校园活动进一步提升丰富，每年的乡村少年宫演出丰富了学生的文化素养。

二、辐射引领，滋养学生未来，让全面发展的素质教育为学生赋能

宁夏回族自治区银川市金凤区第三小学提出了走文化和艺术"两翼齐飞"之路，让全面发展的素质教育为学生赋能，让学生成为自立自强、至善至美的社会主义建设者和接班人。借鉴鸡西九中美育课程外延经验，丰富学校说学课程体系，拓展绘本创作解说课程，创编篮球操校本课程，把学生说学魅力尽在脸上、美在身上。

贵州省道真自治县民族中学的中考成绩一直名列全市前列，学校为上一级学校输送了诸多优秀人才。学校以"各美其美，不同而和"为办学理念，让美育之花靓校园。学校突出民族文化融合，注重学校特色文化氛围营造。学校全体教师通过培训首先达成共识，美是纯洁道德、丰富精神的重要源泉。美育是学校审美教育、情操教育、心灵教育，也是丰富想象力和培养创新意识的教育，能提升审美素养、陶冶情操、温润心灵、激发创新创造活力。美育作为学校立德树人的重要载体，坚持弘扬社会主义核心价值观，强化中华优秀传统文化、革命文化、社会主义先进文化教育，引领学生树立正确的历史观、民族观、国家观、文化观，陶冶高尚情操，塑造美好心灵，增强文化自信。近年来，学校切实强化美育教育，取得了丰硕成果，《中国教育报》对道真自治县民族中学学校特色办学进行了报道。

学校打造美育特色学校，彰显素质教育成果。全面加强美育工作，通过以课程改革、活动推动，不断提高美育水平，形成了中、小、幼美育相互衔接，课堂教学与课外活动相互结合，普及教育与专业教育相互促进，学校美育和社会家庭美育相互联系的良好格局。

走进民族中学书法表演现场，墨香随风扑面，沁人心脾；小小"书法家"们，激情挥毫泼墨。一幅幅作品，赏心悦目……赢得观看者一片"啧啧"的称赞声。

感受美、鉴赏美、创造美，让学校美育始终与"美"相伴相生。学校全面实施素质教育，以特色学校创建为载体，不断扩充优质教育资源，努力促进学校提档升级。文学创作、楹联撰写、葫芦丝等中华优秀艺术传承社团、啦啦操、合唱、器乐演奏，办学内涵不断深化，基本形成了"学校有特色，教师有特点，学生有特长，活动有成效"的可喜局面。"和美文化""创美文化""自善文化""美心文化"大放异彩。

学校坚持以美育人，五育并举，培养学生发现美、感受美、欣赏美、创造美的能力，涌现出了一大批优秀学生，学校以美育提升人文素养，筑牢文化自信根基，先后获得全国民族团结先进集体、全省民族团结进步创建活动示范学校、贵州省实验学校、贵州省实验教学示范校、贵州省校园文化建设先进校、贵州省校本研修示范校、贵州省双百工程项目校建设单位等荣誉称号50余项。

四川省凉山彝族自治州昭觉县东晨中学和黑龙江省鸡西九中是教育帮扶共建学校，一年半来，通过建立培育站，充分发挥领航校长及所在学校的资源优势，依托江苏领航校长培养基地，以结对帮扶的方式，选派骨干教师到凉山州昭觉县东晨中学支教，担任教学、教研和管理骨干，为凉山州输送优质师资，帮助解决一定时期内骨干教师短缺的困难，开展教师、校长线上线下培训实践，引领带动凉山州教师提升教学能力，有效提高凉山州中小学的办学质量。我们用自己的实践与探索，努力为凉山教育更美好的未来增添笔墨……

在帮扶中大力强化"书法教育"理念，推进书法教育进校园，从起始年级开设书法课，通过书法教育提升学生修养，打造书香校园。

支教教师孙晓东说："浓浓的墨香，让东晨中学校园弥漫着厚重的文化气息，也潜移默化地改变着每一个孩子的内涵气质；书法教育作为一门课程，渗透到了校园文化建设等方方面面，成为东晨中学一道亮丽风景线；学生们从篆、隶、楷、行、草的发展演变，充分感受了汉字字体发展变迁的形体美和动态美，进一步提升了对书法艺术的鉴赏能力和想象能力。"东晨中学校长曲比曲体认为，学生们练习书法，养成了排除杂念、认真做事的好习惯、好品格。

哈尔滨第31中学坚持以美育人、以文化人，提升学生艺术素养，学校在开齐开足艺术课程的同时，按照工作室"一校一品一特色"的高品质学校建设要求，成立形式多样的艺术社团和兴趣小组，开展丰富多彩的艺术活动。合唱、小提琴、舞蹈、美术、书法、萨克斯、诵读、雕塑、播音主持、交响乐、足球等几十个艺术类别，"戏曲进校园活动"走进31中学，为学校师生带来了一场传统文化盛宴，校园艺术活动呈现出"百花齐放"的良好态势。

五彩斑斓的脸谱，精致华美的服饰，字正腔圆的唱功极大地激发了学生的兴趣和热情。"戏曲进校园"活动让广大师生不出校门就能近距离接触戏曲艺术，学习欣赏非物质文化遗产，提高自身艺术鉴赏能力和水平，感受传统艺术的魅力。

第31中学在工作室"为孩子们打好人生底色"的办学理念指导下，大力开展吟诵国学经典、涵养书香校园等活动，形成了学校特有的文化价值体系。通过创建国学校园，通过经典诵读，让社会主义先进文化和中华传统优秀文化浸润学生们的品格，让美育的种子根植于少年，培育了学生的爱美情怀。学校确立"和美教育"办学思想，构建"和合"的管理文化、"和润"的教师文化、"和乐"的课程文化、"和畅"的课堂文化、"和煦"的环境文化、"和韵"的美育文化、"和顺"的家校文化。将"和"与"美"渗透融进师生素养培育、教育教学活动之中，培养"新、鲜、特、优"（创新思维、个性鲜明、特长显著、优秀品格），"怀、远、雅、馨"（家国情怀、志存高远、文明高雅、德艺双馨）的全面发展的高素质人才。

学校在"和美"教育中强调让学生在德、智、体、美、劳五个方面全面发展，"五育融合"铸就发展底蕴，让学校更加自信地迈向未来。

学校的和煦德育，强调以美育德，给生命以优雅的贝壳，孕育出闪亮的珍珠。

学校立美育人，大力弘扬中华美德，培育新时代精神。学校开展中华传统经典诵读活动、红色歌曲歌咏赛、立志党课等活动，通过这一系列细水长流的传统文化渗透与浸染，为培养师生具备和美人格与精神提供了保障。

哈尔滨 31 中学坚持艺术和体育相融合，日常体育活动丰富多彩，在各类比赛中也表现不俗。学校足球队参加国家、省市中小学生足球赛，荣获初中组团体总分之冠，学校 3 支足球校队参加各类比赛，经常名列前茅。

在"和美"教育理念的引导下，学校打造和雅校园，以美造境，俯仰之间，给师生营造幸福成长的时空。在环境文化建设上，学校注入艺术元素，打造艺术长廊、艺术图书馆、艺术文化大厅、艺术书吧、艺术休闲步道等景观，让校园的空气中弥漫艺术的芳香。

学校的劳动教育也做得风生水起。学校劳动教育的重要品牌是志愿者服务活动，假日，学生就走上中央大街开展现场演出，为游客介绍哈尔滨地域文化知识、传播黑土地文化；在周末，学生志愿者以班级为单位，轮流来到社会福利院，进行现场活动，为福利院的老人和儿童送去关爱、舒缓心情。

山东省临淄区晏婴小学以问题为导向，构建审美教育体系，结合自身的资源和优势，探索构建以审美创美为指向的四维一体的审美教育体系，走出了一条在实践中落实审美能力培养的有效路径。明确培养目标和要求，建立审美教育体系，将审美解读、审美批评、审美创造、审美传播四大核心能力贯穿其中。在课程体系上，结合课程特点，制定对审美培育有支撑力的具体课程目标；在课外拓展环节，结合审美能力培养，对文化活动的参与和实践创新学分的认定也进行了具体规定，设计了平台与模块相结合，目标要求对应的人才培养体系。经典诵读课程、文本创作欣赏课程、艺术拓展课程等提供实践性的体验和指导，艺术鉴赏活动立足于自身的特色设计，红色之旅等主题活动，带领学生体验齐文化中的多重审美元素，研讨加实践架构审美能力培养体系。

审美教育实施的核心在于能力培养，而教学无疑是落实培养目标的关键环节，以学生为中心，注重能力培养，是教学改革的重要方向。培养学生审美表达能力与审美批评能力，夯实创意写作，创作实训课程培养审美创造能力，开展审美教育沙龙和专题研讨会，并积极组织教师参与美育学术交流活动，营造教改交流氛围。以实践周为抓手，开展基于专业技能的审美展示竞赛，如情景剧大赛、微课比赛、文化创意大赛等等。以艺术节为契机，打造体现审美底蕴的文化活动品牌，如大型诗歌朗诵会、汉字听写大赛、评论大赛等。以文化交流为纽带，提供有影响力的审美传播平台。完善多元化的审美教育评价机制、课程评价，加强审美能力导向课程考核改革，旨在提高审美批评和表达能力的讨论报告环节，丰富美育综合素质测评细则，鼓励学生参与各种类型的审美鉴赏创作展示与传播活动，在多元化推动的基础上，通过班级和教师予以督促跟进，激励评价促进学生全面发展。

学校美育工作是立德树人培根铸魂的事业。上海进才中学北校养正励志赋能远航，艺体双馨科技教育放异彩。学校积极弘扬中华美育精神，寻找学校美育的突破口和落脚点，以美育人，以美化人，以美培元，把美育纳入学校学生培养全过程，贯穿学校教育各学段各环节，切实提升学生的审美教育，情操教育，心灵教育，丰富想象力和培养创新意识。近年来，学校书画社参加全国省市区级少儿美术作品展，共获奖数百人。几十位国内著名美术家、教授、专家亲临书画工作室参观指导，学校艺体社团参加各类比赛及表演，得到了多方一致好评，起到了示范引领的作用。

吉林省延边朝鲜族自治州珲春四中以尊重师生个性，包容多样性，共同发展，共同进步的美好追求，将"个性和美"推向"整体和美"，使每个个体的优点都得到充分发挥与融合，即张扬个性，又取长补短，达到各美其美，与不同而和，构建民族融合美育课程。中华民族是一个大家庭，56 个民族都有自己的优秀文化，在和谐优美的环境中，学习弘扬自己民族的优秀文化，同时学习其他民族的优秀文化，实现各民族的优秀文化互相包容，展现各民族多元的文化，可谓各美其美，美美与共。各美其美，美美与共，体现了尊重师生个性，包容多样性，共同发展，共同进步的美好追求。在学校的教育活动中，力求使每个个体都发扬自己的优势，张扬自己的个性。和和美美的民族团结教育体现了学校和生、和处、合力、和达、和爱五大教育理念，这些理念是人生存的需要，是社会发展的需要，实现中国梦的需要，是构建人类命运共同体的需要。为实现这些教育理念，学校在管理中充分发扬民主，营造和谐的人际氛围，使每位教师的才能都得到充分发挥，业务水平不断得到提高，同时营造和谐的外部氛围，凝聚各方力量，构建多位一体的育人体系，促进学生和谐发展和学校快速发展。

珲春四中创新美育校本培训模式，实施主体参与，体验式多元培训，通过教师自主规划、自主读书、自主研究、自主积累，激发教师自主发展的愿望，精心设计教研活动，开展以感受和经历为特征的体验式教研，提高教研活动的实效性，实施多层次、多种内容、多种形式的培训。学校教育需要文化的支撑，四中特别重视校园文化建设，以和美文化为统领，加大校园美化绿化建设的力度，做到了有小景、有鲜花、有草坪、有树木，走进校园，呈现在眼前的是一个优美的环境，走进每一个楼层，都可以享受一道精神大餐，意蕴丰富的文化长廊，处处透着浓浓的文化气息，学生在和美的环境中享受快乐，健康成长。教职工先后荣获 200 项国家、省市级奖励，学生荣获国家省市级竞赛奖 1000 多人次，和美教育是学校办学思想的继承和发扬，以高瞻远瞩的战略布局，持之以恒的精进，坚守前行，务实进取，为增强民族团结，促进祖国教育事业发展努力奋斗。

安徽池州一中继承与超越并举，"五育融合"铸就发展底蕴。经过多年的探索发展，一大批优秀人才从学校走出，迈向更广阔的人生舞台，凸显了学校培育优秀人才的摇篮作用。

池州一中除了无处不在的美育氛围，更多的是加强文化底蕴培养，这让学生受益更多，也让学校能走得更远。在这里学生们在音乐艺术素养和人文素养中寻找平衡，除了开齐开足语数英理化体等课程，面对专业班，学校制定了"尖子生计划"，设置了特制课程，保证专业训练之外，在文化课上精心优化。

用背乐谱的方法背数学公式，欣赏文学作品中的音律之美。池州一中的课堂永远是活泼的，在这里没有"死记硬背"，更多的是启发，而这些都是学校生本课堂展现出的风范，课堂上以美启智，以美导学，这也让教师在三尺讲台享受到更多的职业幸福。

学校还严格执行"减负"要求，作业做到精准减负，这些措施保证了学生回家后进行巩固练习的时间，让他们在轻松的氛围里把功课学好。

现在的池州一中学校规模变大了，但学校坚持传承文化育人的初心没有变，学校不断自我超越的激情从来没有泯灭，这让学校大步迈向更加广阔的未来，探索创新一条融合发展的特色办学之路。

中共中央办公厅、国务院办公厅印发了《关于全面加强和改进新时代学校美育工作的意见》，工作室全面强化宣传、贯彻和落实，在调研的基础上，根据工作室学校的发展特点、条件、基础和师资力量，加大了艺体特色学校打造、校园文化建设的力度。各工作室成员学校认真探索和创新特色学校建设的途径、方法和机制，进一步理清思路，不断完善工作措施，促进各成员校高品质发展。

艺术教育春风化雨，大美育人润物无声。工作室成员学校教育开放、多元、互动的美育场已经形成并日趋完善，"一棵树摇动一棵树，一朵云推动一朵云，一个灵魂唤醒一个灵魂"的美育目标正在实现……

第七章

美育课程实施的反思与提升

第一节　美育课程实施中的不足与困惑

　　配齐配强师资，更好落实体育美育。在教育部召开的教育 2020 "收官" 系列第五场新闻发布会上，教育部体育卫生与艺术教育司司长王登峰表示， "十三五" 期间，学校体育、美育和劳动教育成效显著，美育教师人数由 2015 年的 59.9 万人增加到 2019 年的 74.8 万人，体育教师由 50.2 万人增加到 59.5 万人。师资队伍规模的扩大有力保障了义务教育阶段体育、美育工作的开展。 "十三五" 期间，体育、美育工作之所以能取得如此成效，离不开党中央、国务院的高度重视。2020 年是 "十三五" 规划的收官之年，中共中央办公厅、国务院办公厅印发了《关于全面加强和改进新时代学校体育工作的意见》《关于全面加强和改进新时代学校美育工作的意见》，就全面加强和改进新时代体育、美育工作进行了系统设计和全面部署，使体育、美育的地位和价值得到了进一步明确，也为 "十四五" 期间做好体育、美育工作提供了政策支撑。

　　虽然体育、美育教师队伍建设在 "十三五" 期间取得了一定成绩，但不可否认，当前体育、美育教师队伍建设仍存在一些不足，如有的教师素质能力难以适应新时代人才培养需要，体育、美育教师城乡结构分布不尽合理，乡村教师特别是乡村体育、美育教师职业吸引力不足，地位待遇有待进一步提高。在 "十四五" 规划里，明确要求实现教育高质量发展，而这必然离不开一支高水平的教师队伍。如果要实现体育、美育的高质量发展，体育、美育教师的人数和质量就一定要提升，特别要为乡村义务教育阶段配齐配强体育、美育教师。

　　在乡村义务教育阶段体育、美育教师队伍建设方面，首要任务是配齐。当前，乡村体育、美育教师不足已经成为不争的事实。在个别乡村学校，由于教师数量严重不足，学校只能采取包班制，即一位教师负责一个班所有的教学任务。可以说，教师数量不足已经严重制约了乡村学校体育、美育工作的开展。

在数量有了保障后，下一步需要解决的就是如何提高体育、美育教师的质量，即达成配强的目标，从而更好满足乡村对优质教育资源的需求，推动整个教育体系的均衡发展。对此，一方面，要加强对教师的培训，通过培训提升体育、美育教师水平。"十三五"期间，对农村边远地区、贫困地区或者经济欠发达地区专门培训了10万名体育教师，起到了很好的示范作用。在"十四五"期间，要进一步发挥"国培计划""省培计划"的作用。另一方面，通过信息化手段，进一步帮助乡村教师做好音体美的教育教学活动，提升优质体育、美育教育资源在乡村的覆盖率。

此外，在推动乡村学校配齐配强体育、美育教师进程中，要完善对地方政府和教育行政部门的评价体系，推动地方政府履行教育职责，引导教育行政部门更加重视体育、美育教师队伍建设，破除只重视语文、数学、英语等科目教师队伍建设的功利性做法。通过教育评价的引导，在全社会形成尊重体育教师、尊重美育教师的良好氛围。

音乐、体育、美术是美育的重要组成部分，对学生造就完美的人格极为重要。由于诸多原因存在，美育课程实施效果区域不均衡，至今在我们农村中小学音体美教学中，还存在着许多不尽如人意的地方，师资水平差异、教学设备落后、课时不足及经费不到位等，致使农村艺体教育滞后。作为教育工作者，我们深感肩上责任重大，面对许多困惑，我们一直寻找应对的策略。

困惑一：专业教师数量不足

近几年，虽说师范院校艺体专业招生数有减无增，但学校美育教师需求量逐年减少，尚未造成供需矛盾。而事实上，音乐、美术、体育专业教师从事专职教学任务不多，很多都交叉使用。

一是随着学校人事编制数的压缩，学校专任教师数按师生比来计，除学校管理人员、教辅人员、工勤人员，余下任教者都是满额工作量忙碌着。我们都知道，专任教师，一方面，需要具备相应的学科专业训练，达到相应的学历要求；另一方面，教师还要进行教育学理论、心理学、教育基本技能的训练，然而现任艺体教师中有少数属于学非所用的人，少数由主科教师兼职。教师编制数富余，专任教师数量不足，新教师进不来，骨干教师调出而逐年减少，专业教师、骨干教师安排应试科目、主科任教理所当然，而非专业教师和杂牌军就任或兼任非考试科目、技能无可厚非，美育科目兼任也不足为奇。

二是随着我国经济发展迅猛，教育推向市场进程越来越快，教师价值观变化大。班主任教师吃香、主科教师家教机会多，主科教师评先评优机会多，职称晋升快，不难看出，主科教师收入比副科收入高。主科教师成为人人追逐的目标、人人羡慕的角色，技能科教师千方百计寻找转岗机会，成为主科教师，特别是小学为多。专业音乐教师转岗自然也就顺理成章了。

三是应试教育没有完全摆脱，素质教育难以进入课堂。为了升学率，为了办学声誉，学校在安排任课老师、设置课程上，孰轻孰重，不言而喻。任课教师安排上强主弱副，功课设置上多主少副的做法丝毫没有减弱，反有愈演愈烈之趋势，技能科教师被挤占，专业美育教师被转岗也就不在话下了。

我们认为，提高目前农村音体美——美育教师的素质，解决专业教师紧缺的途径有：一是鼓励教师参加专业知识培训，外请专家讲座，举办教学交流会等，来提高农村美育教师素质，保证理论知识，教学方法、科研能力不断更新，以适应新课改的需要；二是加强人生观、价值观教育，巩固教师专业思想；创设美育教师个人才艺展示平台，开展各级各类教师基本功比赛活动，不断提高美育教师的社会地位和生活待遇，增强农村美育教师主人翁精神；三是领导要转变办学观念，重视美育教育，严格遵循教育规律，严格执行课程计划，开展各种各样校园文化娱乐活动，营造良好校园美育氛围，促进师生勤教乐学的优良教风、学风的形成。

困惑二：美育教育投入不足

在农村，一架脚踏风琴主宰音乐课的情况已延续几十年了。自从实施分级管理分级办学注册后，部分学校由电子琴代替了脚踏风琴，特别是近年来，为了创建教育强乡镇，为了创建省级标准化学校和农村新校园活动等，农村中小学乐器配备得到加强，部分学校由电子钢琴代替了电子琴，但数量也不足。中等规模班级以上的学校，同时多节音乐课在所难免，乐器数量原本就不足的学校，有的音乐课只好另辟蹊径。欣赏课时要用到的器材、设备等更是无从说起，只能望书兴叹，纵使有点才华而想在音乐课上一展宏图的教师也奈何不了，真是巧妇难为无米之炊。

世上无难事，只怕有心人。只要思想重视了，办法总比困难多。一是学校要挤出一些经费，购置一些力所能及的乐器、美术、体育和教学设备，组织多个兴趣小组，开展丰富多彩的艺术活动，最大限度发挥人尽其才，物尽其用。二是利用简易乐器、简易器材，引进课程，教会学生识谱、美术基础技法和体育基础要领，要传授简单的指法变化，学生就能将一首歌的旋律吹奏出来，既能练习识谱，又能自学歌曲，同时填补学校乐器不足之短，一举三得，何乐不为。三是农村中小学有石头、竹、木、泥等自然资源，对师生而言唾手可得，只要我们稍微动动脑筋，就可加工成精美的具有特色的艺术器材。竹桶可制作成双响桶和竹鼓，硬木可制作成木鱼……还可以让学生组建一支有特色的校园乐队，为农村学校基本处于空白的"演奏"非常生动地展开，从而带动农村美育教育全方位的立体化发展。

困惑三：新课程实施过程中的冲突

伴随着新课程的诞生，走进美育新课堂，我们曾经欣喜雀跃，也曾经迷茫动摇。因为，很多固有的教学思想、教学行为在自我怀疑、自我否定中被日渐清晰的艺术教育新理念和教学实践所代替，课堂因此变得丰厚了，孩子们由此更喜爱艺术课了。尽管如此，当你把全新的教育理论付诸实施时，又感到有太多的迷惑与茫然。深深地体会到新课程改革带来的矛盾冲突和观念碰撞。

一是依据教学大纲、新课堂课程标准，立足教师用书、教材，设置教学目标，设计教学方案，规范地向学生传授，完成教学任务，原本是无可异议的。但课堂往往有太多的规矩、框框、拘束了学生的感受。而学生往往以早就有的感受来决定对美育课的好恶，决定在艺术课上的表现。例如：学生经常会向老师建议学唱流行歌曲。当然，流行歌曲作为一种新生的音乐形式，具有它自身的特点，如果一味不让进课堂、拒之门外，学生无法接受，结果往往事与愿违。如何一分为二地、有选择性地把流行歌曲引进课堂，与教材融为一体，得依靠教育一线的教师，找到理论与实践的最佳结合点，借助新的教育理念，解决矛盾，化解矛盾冲突。

二是长期以来，艺体课被贬为"小三门"：不统考、不计成绩、领导不重视，教师无力支撑，且经常给语文、数学让道。授课时间可多可少，可有可无，根本无法系统地进行教学，致使美育教学出现"断层"。再者，音乐课的教学"以唱歌为主题单一模式"并没有得到较大程度的改革。许多音乐教师采用的"师生问好——发音练习——节奏练习——教授新课——反复练习——课堂小结"这一陈旧模式，还是爱不释手。长此以往，学生的音乐启蒙教育就这样无情地被谋杀掉了。学生普遍识谱能力低下，五音不全，更谈不上搬弄乐器等。面对如此"低能"的学生，教学目的达成度很低，课程计划难以完成。

三是新课程实施过程中，多媒体课件以其丰富的表现能力、巨大的容量、良好的交互性、极大的共享性，赢得了师生的青睐。比如音乐课中，针对不同的教学内容，综合运用声音、图像、视频、动画等多媒体手段创设情境，化不可见为可见，化静态为动态，化抽象为直观，化复杂多变为简单明了，可以最大限度地调动学生的积极性，激发学生的学习兴趣，又能够充分表现教学内容，突出重点，突破难点，引导学生积极探索、主动学习。显而易见，多媒体课件的优越性是传统教学手段不可以比拟的。但是每次听完一节节精美的音乐课感慨之后便是疑惑。不管是以舞蹈为主题的舞蹈课，以音乐为主题的音乐课，还是综合音乐课和音乐欣赏课等，整节课下来，几乎是课件范唱和伴唱，很少见到老师的精彩示范，钢琴只是一个摆设罢了，难道说，有了先进的多媒体教学手段，音乐教师就不需要唱、奏、跳这种基本功了！

实践证明，充分开发利用农村现有条件，结合新课程的特点，变被动为主动，大胆开展农村特色化美育教学，才能使农村中小学的教学充满活力和生命力，学生才会喜欢音体美课，欣赏美、感受美、创造美的能力才能大幅度提高，农村的教育才能走向正规。这个课题需要广大农村艺体教师不断地钻研、探讨和思考。

第二节　对美育课程实施的前瞻与重构

中共中央办公厅、国务院办公厅印发了《关于全面加强和改进新时代学校美育工作的意见》，就全面贯彻党的教育方针，加强和改进新时代学校美育工作进行了系统设置和全面部署，强调要通过美育提高学生的审美和人文素养。中小学美育的现状是怎样的，应该如何引导中小学生培养艺术爱好，学会欣赏和体验美。有二十多年高中教学经验的特级教师上海市进才中学美术教师张玉琳在接受中青报记者采访时表示：从国家目前推行的课程标准来看，当前时期是中小学艺术课程最丰富最多样化的时期，并且国家未来还会进一步重视艺术教育，提倡丰富的艺术内容和综合素养的艺术学习。多年来，美育在我国学校教育中之所以未受到重视，反而被削弱，其主要原因在于，美育并不是学校中单独所开设的一门课程，美育涉及家庭教育、学校教育和社会教育等多个方面，学校教育和社会多重视显性课程，而轻视了美育这门隐性课程的重要性；其次，中小学的美育是以艺术课程为主体，21 世纪以来艺术教育取得了显著成就，2016 年和 2019 年教育部基础教育质量监测中心已在全国范围内对义务教育阶段四年级、八年级部分学生进行了两次艺术教育、音乐、美术学科的质量监测，从测评的情况来看，2019 年与 2016 年相比有显著提升，虽然这两次的艺术教育质量监测进一步促进了艺术教育的发展，但是通过艺术教育如何真正形成学生终身的艺术素养还是有许多问题亟待解决。如何在中小学校更好地落实美育，要教会学生美育的基本知识。由于美育是以艺术教育为主体，艺术知识构成美育的重要组成部分，如美育中有关线条形状、色彩等方面知识，音乐中有关音高、音强、音长等方面知识，舞蹈中有关身体、动作、空间等方面知识，影视中有关语言、故事、结构、镜头等方面知识，这些知识都是了解和欣赏各艺术门类最基本也是最重要的知识。因此在中学的艺术课程中，应该重视这些基本知识的学习。要教会学生欣赏和体验美，每一个人都是生活在自然环境中的，而自然中所有的物体都存在着一些基本特征与秩序感，如水的流动会产生不同的流水声，岩石经过长年风化会形成不同的纹理，鸟兽在飞翔或奔跑时会呈现出优美的节奏感和韵律感，四季更替是植物叶子由嫩绿到深绿再转变为黄色或红色的，自然界中的各种线条形状、空间色彩、纹理的元素以及所蕴含的平衡对称、节奏变化等原则是构成自然美的基础。因此，中小学的艺术课程应该从小培养学生对自然美的欣赏，体验其中的美感，要教会学生欣赏和体验。艺术作品往往会反映现实生活的方方面面，也会反映艺术家或人类的情感愿望、理想与幻想，因此，中小学的艺术课程应该着重教会学生欣赏艺术作品的方法，学会了解艺术家眼中的世界，以及像艺术家一样的思考方式，使他们用一种新的目光看待周围的一切事物，获得一种全新的洞察力，要教会他们专项的、专门的艺术特长，通过实践，真正领悟到艺术的魅力。中小学的艺术课程还应该教会学生一些技能，发展学生眼手、身体的协调能力，最终形成终身的艺术素养。近年来，国家层面对美育高度重视，是我国美育发展的最佳时期。目前，教育部正在组织专家修订义务教育艺术课程标准，不久的将来，我国艺术课程中，除音乐、美术课程外，还会有舞蹈、戏剧、戏曲、影视、媒体艺术等课程提供学生选择学习。除此之外，修订中的义务教育艺术课程标准还将研制学段标准和学业质量标准，这些都是衡量学生艺术学习质量的评价标准，为评价打下了基础。为此，我国的艺术教育也必将跃上一个新的台阶，为美育的发展助力。

最美科技工作者胸怀祖国，奋力书写精彩篇章，他们中间有的是瞄准科研空白，奋力攻关；有的人根据国家需要确定研究方向；有的人临危受命，奔赴疫情防控一线；他们都是科技创新之美，他们的精神值得弘扬。

以美育促进学生正确价值观的培养是当前学校面临的一项重要任务。我们认为，遵循同构、整合、互补和融合等原则，实行激励、评估、保障、反馈等机制，创新设置美育课程体系、丰富校园文化活动、利用新媒体和建立有效运行机制等路径有利于提高学生美育教育水平，促进学生正确价值观的培养。众所周知，美育是学校人文素养教育的重要组成部分，美育实际上起到的是一种熏陶情感的作用，一旦审美者被引起情感共鸣，就会使审美者产生一种伟大而高尚的行为，这样就达到了美育的人文目的。所以美育对塑造学生正确的价值观、增强综合素质十分重要。长期以来，我国学校教育等社会环境因素的影响，使美育被束之高阁，美育促进学生良好价值观形成的功能不能得到有效发挥。因此，加强美育教育体系的研究与创新势在必行。

一、积极探索美育促进学生价值观的培养

用美育对学生进行价值观培养符合教育原则和美学原理，他们是美育促进学生价值观培养的教育模式的思想基础。我们认为这些原则主要包括如下方面：

一是坚持学生主体与教师主导的原则。随着社会的多元化发展，学生的自我意识与个性化发展要求空前高涨，传统而简单的艺术鉴赏课程教学模式已经不适应需求。在审美教育中，真正的主体应当是阅览者、聆听者和鉴赏者。为了实现审美教育的目标，学生应该是审美教育模式的主体，而教师则是审美教育模式的实施者和主导者。在美育教育中，教师的个人审美素质和艺术修养的是教学质量关键，教师要有目的、有计划、有组织地去引导学生挖掘美的事物。只有实行以学生为主体以教师为主导的同构原则，才能使学生在美育中形成正确的价值观，使他们审思明辨，力学笃行。

二是坚持显性教育与隐性教育统一性原则。美育的显性教育可以通过灌输、座谈、讨论等方式来实现，但是这种方式存在着纸上谈兵、片面说教的弊病，显性教育是大多数高校目前采取的方式。创造一个适宜的隐性"无意识美育"环境，使受教育者周围产生良好的场效应，通过持续地强化刺激，让受教育者在场效应的影响下，培养个人的审美能力和人文素养，这便是美育的隐形教育。只有采取显性教育与隐性教育整合原则，才能达到美育对学生价值观培养的内化于心、外化于行的作用。

三是坚持传统教育与现代教育互补的原则。近年来，新媒体的不断成熟对教育形式的转变和发展带来巨大影响。传统美育枯燥、单调，只运用板书和教材这一形式来教学，这不能让学生体会到美育带来的身临其境的审美体验，降低了课堂教学效果。近年来，新媒体教育载体得到不断创新，从最开始的传统教学，到现在多元化教学，这种线上线下教学对美育的推广带来了新动力新视角。但是也存在一定缺陷，如没有在真实课堂上感受到的学习氛围和互动过程，不利于学生健康人格、正确价值观以及真实人际交往的培养，所以有效利用新媒体教育和传统教育互补原则才能真正达到美育促进学生形成正确的价值观。

四是坚持家庭、学校与社会教育相互融合的原则。家庭教育是一切教育的基础，父母对孩子的成长起着决定性的作用。一个生活在家庭气氛和谐、居室环境优美、家庭成员互相关爱、父母行为举止优雅的家庭中的孩子，从小就能

耳濡目染，潜移默化感受到美育中的和谐美、环境美、行为美，受到美的熏陶。另外，学校是美育实施的另一重要途径。学校更是学生的精神家园、理想殿堂，所以在美育中具有至高无上的地位。而学生在多元化发展的社会背景影响下，他们的价值观念和价值取向呈现出不同以往的时代特征，一方面，他们被社会上的千奇百怪、无所不有的思想所影响，导致精神困惑、空虚、人格倾斜，需要美育来引导；另一方面，他们生活阅历与社会接触面的不断扩大，意志力和自觉性达到一定高度，使他们有可能更好地接受美育。所以只有采用家庭、学校与社会教育相融合的原则才能使美育深入人心，才能用美育帮助学生树立美的理想，发展美的品格，培育美的情操，形成美的人格。

二、积极探究美育促进学生价值观培养的有效机制

一是激励机制。美育教育激励必须从多层次、全方位着手实施。要大力发挥以学生自身为主体的主动性和创造性。对学生要准确把握美育教育激励种类，以精神激励为主，运用美育教育榜样激励力量做好舆论导向，运用美育教育信心激励自卑同学，运用美育教育成功激励厌学同学，运用美育教育情感激励感情受挫同学。同时以物质激励为辅。此外，对于教师要准确建立相关配套美育教育激励制度，要把美育教育成效纳入到制度当中。

二是评价机制。美育在促进学生价值观培养评价机制的建立要遵从四个原则，"要常态化、要人为先、要自评为主、要以评促建"。以这"四要"原则为指导，对学生美育实行全程目标管理，按工作任务、目标定期评估检查，形成科学、规范评价体系。而且对学校美育教育评价机制设立要体现美育促进学生形成正确价值观的目标要求，并将此要求贯穿于思想认识评价和活动组织评价。

三是保障机制。美育教育保障机制提供规范的组织机构、专业的师资队伍、充足的物资等条件保障美育教育工作顺利有效开展。可建立以学校主要领导为组长，各个职能部门负责人为成员的美育领导小组；成立以美学专家、德育专家、教育专家组成的专家指导委员会；设立学校美育中心；学校要重视美育教育的场馆和设备建设，保证美育教学和活动的开展。

四是反馈机制。为了以美育促进学生形成正确价值观，学校必须要建立合理的美育教育机制。学生价值观的认识有时会存在偏差，不能用发展的眼光看待问题。因此，在激励、评价和保障机制的运行过程中，还需要针对学生自身

存在的差异和动态变化，建立合理的反馈机制，根据信息对各种机制运行过程中存在的不足进行调节和更改，实现因人而异、因时制宜、量体裁衣，从而实现美育促进价值观培养效果的最大化。

三、探寻美育促进学生价值观培养的教育路径

一是设置科学的美育课程体系，提升学生的审美素质。要提升学生的专业审美素质，必须创新美育教育。学校应形成一个有序、综合、系统的美育课程体系。全方位、多层面地进行美育，在美育课堂中培养和提高学生的审美能力，实现以美育促进学生形成正确价值观的目的。通识美育课程要改变传统的课程设置，构建多元化的课程体系。一方面，在课程安排上，既要保证全体学生都必须学习到美育课程，同时又可以让学生根据自己的兴趣自主选择。另一方面，在课程形式上，要建立美育理论课、艺术鉴赏课、美育实践课的三套课程框架，针对各个年级阶段的学生设置相应的艺术专业课程。

二是丰富校园文化活动，陶冶学生良好的艺术情操。学校的校园文化能塑造学生的价值观，丰富多彩的校园文化活动是学校美育的大舞台，要积极扩大师生的参与，整合资源，引导校园文化活动往有计划、有水平、有品牌方向发展，使之成为广大师生的期盼。要利用民间资源，构建百花齐放的文艺活动。条件允许的要引进高水平的专业艺术团走进校园，使学生有更多机会领略真正艺术的魅力。要推动民间艺人和"非遗"传承人走进校园讲座，搭建学生感兴趣的美育平台。要积极组织和创立"文化艺术季、社团文化节"等品牌活动，可着力在教室、寝室等公共场所，进行设计创新，要让学校的每一个角落都能看到美的文化，每一个墙角都会"说话"，每一个建筑都有故事，每一条道路都有名字，以这些特色来影响学生对美的追求的主观能动性，促进培养学生正确价值观。

三是利用新媒体传播导向，塑造学生健康完美的人格。随着新媒体时代的到来，美育教育开拓了全新的路径。利用网络媒体、手机媒体、网络电视等媒体形态，为学生提供方便快捷的信息和服务，学生与美育的互动得到提高，这是在传统美育中不容易获得的。学校要在相关网站基础上加大美育优势资源开发的力度，挖掘开发弘扬中华传统美学和美育思想，增加传播优秀文化艺术创作和美育研究成果，加强基于移动互联网的学校与社会互通的美育教育平台建设。

四是建立有效运行机制，确保美育与价值观培养的有机融合。创新美育教

育的运行机制，要在激励、评价、保障和反馈的机制基础之上，吸收美育创新的理念，从运行、考核、评估等方面进行运行机制的创新。要组建一支专业美育教师的师资队伍，真正实现创新美育的微环境。从政策制定层面看，学校美育教育政策的制定要紧跟国家美育教育方针，并结合自身发展的特色，制定相关政策，保证各项机制有效执行。从考核层面看，要结合美育特点，对其教学考核进行深化设计并采用多种方式。

综上所述，学校美育教育对学生正确价值观的培养任重道远。国家、学校、广大教师和家长都要高度重视美育对学生成长成人的作用。媒体要整合社会资源，将美育融入各种新媒体当中，做好美育育人的引导和宣传工作。学校要将美育教育纳入人才培养规划，通过具体实施方案，保障美育能落实到课堂教学、课外活动和校园文化建设之中，以实现高品质美育课程助力青少年身心健康成长。